国家数字图书馆工程标准规范成果

国家图书馆数字资源对象管理规范

徐周亚　龙　伟　主编

国家圖書館出版社

图书在版编目(CIP)数据

国家图书馆数字资源对象管理规范/徐周亚，龙伟主编. —北京:国家图书馆出版社，2013.7

(国家数字图书馆工程标准规范成果)

ISBN 978-7-5013-5051-3

Ⅰ.①国… Ⅱ.①徐… ②龙… Ⅲ.①数字图书馆—信息资源—资源管理—规范 Ⅳ.①G250.76-65

中国版本图书馆 CIP 数据核字（2013）第 069747 号

责任编辑：高爽

书名 国家图书馆数字资源对象管理规范

著者 徐周亚 龙 伟 主编

出版 国家图书馆出版社(100034 北京市西城区文津街 7 号)

(原北京图书馆出版社)

发行 010-66114536 66126153 66151313 66175620

66121706(传真) 66126156（门市部）

E-mail btsfxb@nlc.gov.cn（邮购）

Website www.nlcpress.com→投稿中心

经销 新华书店

印刷 北京科信印刷有限公司

开本 787×1092(毫米) 1/16

印张 11

版次 2013 年 7 月第 1 版 2013 年 7 月第 1 次印刷

字数 120(千字)

书号 ISBN 978-7-5013-5051-3

定价 58.00 元

《国家数字图书馆工程标准规范成果》丛书编委会

本书编委会

主　编：徐周亚　龙　伟

编　写：李文革　马亚帅

赵四友　王　浩　李鹏云　韩　超

总　序

数字图书馆涵盖多个分布式、超大规模、可互操作的异构多媒体资源库群，面向社会公众提供全方位的知识服务。它既是知识网络，又是知识中心，同时也是一套完整的知识定位系统，并将成为未来社会公共信息的中心和枢纽。数字图书馆建设的最终目标是实现对人类知识的普遍存取，使任何群体、任何个人都能与人类知识宝库近在咫尺，随时随地从中受益，从而最终消除人们在信息获取方面的不平等。“国家图书馆二期工程暨国家数字图书馆工程”是国家“十五”重点文化建设项目，由国家图书馆主持建设，其中国家数字图书馆工程的建设内容主要包括硬件基础平台、数字图书馆应用系统和数字图书馆标准规范体系。

标准规范作为数字图书馆建设的基础，是开发利用与共建共享资源的基本保障，是保证数字图书馆的资源和服务在整个数字信息环境中可利用、可互操作和可持续发展的基础。因此，在数字图书馆建设中，应坚持标准规范建设先行的原则。国家数字图书馆标准规范体系建设围绕数字资源生命周期为主线进行构建，涉及数字图书馆建设过程中所需要的主要标准，涵盖数字内容创建、数字对象描述、数字资源组织管理、数字资源服务、数字资源长期保存五个环节，共计三十余项标准。

在国家数字图书馆标准规范建设中，国家图书馆本着合作、开放、共建的原则，引入有相关标准研制及实施经验的文献信息机构、科研机构以及企业单位承担标准规范的研制工作，这就使得国家数字图书馆标准规范的研制能够充分依托国家图书馆及各研制单位数字图书馆建设的实践与研究，使国家数字图书馆的标准规范成果具有广泛的开放性与适用性。本次出版的系列成果均经过国家图书馆验收、网上公开质询以及业界专家验收等多个验收环节，确保了标准规范成果的科学性及实用性。

目前，国内数字图书馆标准规范尚处于研究与探索性应用阶段，国家图书馆担负的职责与任务决定了我们在数字图书馆标准规范建设方面具有的责任。此次将国家数字图书馆工程标准规范研制成果付梓出版，将为其他图书馆、数字图书馆建设及相关行业数字资源建设与服务提供建设规范依据，对于推广国家数字图书馆建设成果，提高我国数字图书馆建设标准化水平，促进数字资源与服务的共建共享具有重要意义。

国家图书馆馆长　周和平

2010 年 8 月

目　　录

前　言

数字图书馆建设是以统一的标准、规范为基础，以数字化信息资源为底层，通过计算机、网络、通讯技术为用户提供资源服务。数字资源是数字图书馆重要的核心内容，其生成、管理和发布服务是数字图书馆建设中的重要组成部分。随着数字资源建设和服务需求类型与数量的不断增加，国家图书馆需要一套满足数字图书馆建设与服务的数字资源对象管理体系。国内外图书馆等机构通过一系列数字资源建设和标准规范建设项目，取得的建设成果对国家图书馆数字资源对象管理有一定的借鉴意义，但由于项目缺少数字资源对象管理或未构成管理体系，以及国家图书馆数字资源的复杂性，还不能够满足国家数字图书馆工程建设的实际需要。数字图书馆建设中数字资源对象管理机制和办法是一套新的业务，在计算机技术的保障和日益成熟的情况下，数字资源建设步伐日益加快。面对海量数据的增长，建立数字资源管理体系，保障数字资源安全，提高使用效率，是我们当前的重要任务。通过分析不同数字资源类型（文本、图像、音频、视频）的使用用途，分析国家图书馆数字馆藏建设和服务需求，制定国家图书馆数字资源对象管理规范，对国家图书馆数字图书馆工程建设具有重要意义。

中国国家图书馆是全国的总书库和文献信息服务中心，建设中的国家数字图书馆工程，以海量的资源、方便的服务、先进的技术和相关标准规范为工作内容，旨在为用户提供一站式的文献信息服务。为确保工程建设的高效、科学和可持续发展，需要建立完整、科学、开放的数字图书馆标准规范体系。

2008 年，国家图书馆数字图书馆工程标准规范项目“国家图书馆数字资源对象管理规范”采取竞争性谈判方式向社会各界发出参与研制的邀请，中国数字图书馆有限责任公司在数字资源对象管理和数字化加工实践方面具有深厚的基础，从而获得项目中标资格，成为该标准的研制单位。

“国家图书馆数字资源对象管理规范”是国家数字图书馆工程标准规范项目之一。该项目的主要研究任务是分析不同数字资源类型（文本、图像、音频、视频）的使用用途；分析国家图书馆的资源现状；分析我国数字图书馆、出版发行、网络信息服务、远程教学等相关领域的资源情况，提出适合国家图书馆数字资源对象管理的规范及其相关规则。

项目研究主要参考了国内外多个相关项目的数字资源对象管理的实践，调研国内外知名图书馆、大学、文献使用单位的项目和实例，国际标准和国内标准，在分析、总结技术发展和用户需求变化的基础上，根据信息生命周期理论和国家图书馆数字资源工作，设计数字资源的管理模型，确定数字资源的应用级别、技术标准和格式体系，提出数字资源管理模型各个环节的管理办法。数字资源对象管理规范较好地满足了国家图书馆数字资源长期保存和应用的建设需求，适用于文本、图像、音频、视频四种类型数字资源对象及由其组成的复合数字对象，基于整个信息生命周期（采集加工、保存、发布和使用）的管理，具有可行性与适用性。

本书即是以“国家图书馆数字资源对象管理规范”项目的研究成果为基础编写而成，指导国家图书馆数字资源建设与管理实践，同时对调研项目进行总结，列举可借鉴或具有启发性的做法和经验。国内图书馆、信息机构，在数字资源建设、管理与服务实践中，可以本书作为参考。

编者

2012 年 4 月 1 日

第一部分　国家图书馆数字资源对象管理规范

1 范围

本规范适用于国家图书馆数字资源对象管理，包括文本、图像、音频、视频四种类型数字资源对象及由其组成的复合数字资源对象的整个信息生命周期（采集加工、保存和发布过程）的管理。

本规范仅提出国家图书馆数字资源对象管理的通用规范，文本、图像、音频、视频等具体数字资源对象管理规范另行制定，但另行制定的管理规范必须符合本规范提出的通用要求。

2 规范性引用文件

下列文件对于本规范的应用是必不可少的。凡是注日期的引用文件，仅注日期的版本适用于本文件。凡是不注日期的引用文件，其最新版本（包括所有的修改单）适用于本文件。

GB/T 4894—2009 信息与文献 术语（ISO 5127:2001）

GB/T 18391 信息技术 元数据注册系统（ISO/IEC 11179）

ISO 14721 空间数据和传输系统—开放档案信息系统参考模型（Reference Model for an Open Archival Information System）

ISO 15489 信息与文献—文件管理（Information and documentation—Records management）

ISO 15836 信息和文献工作—都柏林核心元数据元素集（Information and documentation—The Dublin Core metadata element set）

国家图书馆文本数据加工标准与工作规范

国家图书馆图像数据加工标准与工作规范

国家图书馆音频数据加工标准与工作规范

国家图书馆视频数据加工标准与工作规范

国家图书馆元数据总则

国家图书馆管理元数据规范

国家图书馆数字资源唯一标识符规范

ANSI/NISO Z39.84 数字对象标识符语法（Syntax for the Digital Object Identifier）

IETF RFC 3651 调度系统名称空间与服务定义（Handle System Namespace and Service Definition）

IETF RFC 3652 调度系统协议（2.1 版）规范［Handle System Protocol (ver. 2.1) Specification］

3 术语和定义

下列术语和定义适用于本规范。

3.1 数字资源 digital resource

以数字形式发布、存取和利用的信息资源。

3.2 馆藏 holdings

信息和文献工作机构收藏的文献的总和。

3.3 元数据 metadata

定义或描述其他数据的数据。

3.4 数字资源对象 digital resource object

数字形态的信息资源文件本身或集合。

注:数字资源对象包括简单数字资源对象与复合数字资源对象。简单数字资源对象指具有完整意义的独立文件,如一个 mp3 文件、一个 tiff 图像文件、一个 txt 文本文件。复合数字资源对象指包含多于一个文件的数字资源对象的复合体,如一本电子书、一种电子期刊,以及包含文字介绍、宣传单和视频文件的一场讲座等。

3.5 自建数字资源 collection building digital resource

以图书馆、文献工作机构等为主进行采集加工的数字资源,包括馆藏文献的数字化和创建具有自主知识产权的数字资源。

3.6 购买数字资源 purchased digital resource

图书馆通过采购或赠送方式获得数字资源的使用权,使用这种方式得到的数字资源一般只具有网络使用权,具体形式包括永久使用方式、采购合同约定方式、协同合作典藏方式。

3.7 呈缴数字资源 legal deposit digital resource

依据国家法律形式规定数字资源生产者向国家指定图书馆免费呈缴的数字资源,既包括电子出版物,也包括职务作品版权拥有者向单位呈缴的电子版作品。

3.8 网络数字资源 web archive digital resource

在网络上公开使用的数字资源,既包括在版权保护期限外的作品或按照著作权法不予保护的公共资源，也包括在网络上经版权拥有者允许使用的开放资源。

3.9 文献 document

记录有知识的一切载体。具体地讲，就是指用文字、符号、图像、声频、视频等手段，记录下来的人类知识的各种载体。文献具备三个要素：一是知识，即被固化于物质载体上的知识信息。二是记录，即文献的记录手段或方式。三是载体，即记录知识信息的物质载体。

引用：《文献著录总则》(GB 3792—1—83)和《情报与文献工作词汇基本述语》(GB 4894—85)。

3.10 文本 text

以字符、符号、词、短语、段落、句子、表格或者其他字符排列形成的数据，用于表达意义，其解释基本上取决于读者对于某种自然语言或者人工语言的知识。

引用：《信息与文献 术语》(GB/T 4894—2009)。

3.11 文本文献 text document

指主要用文字与符号进行记载的印刷型文献或缩微型文献。

3.12 原始文献 original document

由其产生副本的初始创建的文献。

引用：《信息与文献 术语》(GB/T 4894—2009)。

3.13 文本数据 text data

指主要用文字与符号进行记载的计算机数据。

3.14 版面分析 layout analysis

将扫描得到的图像，划分成区域块，也就是划分出所要识别的图像中文字所在区域范围。版面分析分为自动版面分析和手动版面分析。简单的图像版式一般使用自动分析，报刊等复杂版式一般采用手动分析，以免遗漏所要识别的文字。

3.15 光学字符识别 optical character recognition(OCR)

光学字符识别，又称 OCR 识别，它的工作原理为：通过扫描仪或数码相机等光学输入设备获取纸张上的文字图片信息，然后对图像文件进行自动分析处理，获取文字及版面信息的过程。

3.16 横向校对 horizontal proofread

指操作员直接对比识别结果与原始文本、图像，以发现识别错误文字。系统自动调出文字对应的图像，进行一一比对。同时，以醒目的颜色标出识别可信度不高的文字。

3.17　纵向校对　vertical proofread

将一个图像或若干个图像中识别成同一个字的文字图像列在一起显示，并以突出颜色标出可疑字，便于操作员发现错误和修改。

3.18　纯文本　plain text

纯文本格式，是由可打印字符组成，人可以直接阅读和理解的形式。没有任何文本修饰的。

3.19　图像　image

人类视觉可以感知的对象。

3.20　数字图像　digital image

表示实物图像的整数阵列。一个二维或更高维的采样并量化的函数，由相同维数的连续图像产生。

3.21　缩微品　microform

通常是胶卷或胶片的缩微影像文献。

注：来源于 GB/T 4894—2009。

3.22　缩微胶卷　microfilm

条或卷形状的缩微品。

注：来源于 GB/T 4894—2009。

3.23　黑白二值图像　binary images

只有黑白两级灰度的数字图像。它对应于黑白两种状态的文字稿、线条图等。

3.24　像素　pixel

构成数字图像的最小单位，通常用若干不同色彩像素排列而组成的矩阵来表示数字光栅图。

3.25　设备分辨率　device resolution

各类输出设备每英寸可产生的点数，又称输出分辨率。

注1：如显示器、喷墨打印机、热式打印机、绘图仪等的设备分辨率。

注 2:本标准规范采用 dpi(dot per inch)衡量设备输出率。

注 3:通常 PC 显示器的设备分辨率在 60—120dpi 之间;打印机的设备分辨率在 180—720 之间,数值越高,效果越好。

3.26 图像分辨率 image resolution

图像中存储的信息量,可以有多种衡量法。本标准规范中以每英寸的像素 ppi(pixels per inch)来衡量。

注 1:图像分辨率和图像尺寸一起决定文件的大小和输出质量。该值越大,图像文件所占用的磁盘空间也越大,打印或修改图像等操作所需时间也就越多。

注 2:图像分辨率以比例关系影响着文件的大小,即文件大小与其图像分辨率的平方成正比关系,图像分辨率也影响到图像在屏幕上显示的大小。

3.27 色彩空间 color space

可见光谱中的颜色范围,包含的颜色范围称为色域。不同设备有不同的色彩空间,它们的色域各不相同。色彩空间也可以理解为某一种形式的颜色模型或称为色彩模型。

注 1:不同设备指计算机显示器、扫描仪、打印机、印刷机、数码相机等。

注 2:在计算机图像处理中,图像必须用数据表示,色彩模式就是用数据表示颜色的方法。对一个颜色的表示,可有多种数据表示模式,有的色彩空间对颜色的表示与所用显示设备的性能无关,称为与设备无关的色彩空间;有的色彩空间对颜色的表示随着显示设备的不同变化,称为与设备相关的色彩空间。

3.28 动态范围 dynamic range

最暗区域到最亮区域的密度差值。动态范围对扫描设备来说,它指能记录原稿的色调范围。对感光元件和胶片来说,它表示图像所包含的从最暗到最亮的范围。其范围越大,所能记录的暗部和亮部细节越多,所能表现层次也越丰富。

3.29 色调 tonality

色彩外观的基本倾向。通常可以从色相、明度、冷暖、纯度四个方面来定义一幅作品的色调,在上述四个要素中,某种因素起主导作用,可以称之为某种色调。

3.30 色度 colorfulness

色调和饱和度的合称。色调决定色彩的本质类别,饱和度决定颜色的深浅。

3.31 缩率 compression rate

在缩微拍摄过程中,被拍摄原件的尺寸与其相对应的缩微影像尺寸的比值。通常将缩率标记为该比值的倒数,如20×代表按20倍缩小原件。

3.32 放大率 magnification

在数字化转换过程中,被转换后的数字图像尺寸与缩微影像尺寸的比值。

3.33 小型实物 physical object

图书馆所藏甲骨、织帛、竹简、陶瓷、雕塑等早期实体文物。

3.34 对比度 contrast ratio

一幅图像的最高密度与最低密度的差异。

3.35 无损压缩 lossless compression

去掉或减少数据中的冗余,但这些冗余信息可以重新插入到数据中。无损冗余压缩是可逆的过程,也称无失真压缩。

3.36 有损压缩 lossy compression

允许一定程度的失真,可用于图像、声音、动态视频等数据的压缩,压缩比可达到几十倍甚至上百倍。有损压缩是不可逆的过程,损失的信息不能再恢复。

3.37 图像拼接 image stitching

注:图像拼接技术在与图像数字加工相关的档案数字化保存、遥感图像处理、医学图像分析等领域有广泛的应用。图像拼接技术大致可以分为图像预处理、图像配准和图像缝合三个基本步骤,各步骤中均有所需要的各类经典算法。

3.38 数字音频 digital audio

数字音频是一种利用数字化手段对声音进行录制、存放、编辑、压缩或播放的技术,它是随着数字信号处理技术、计算机技术、多媒体技术的发展而形成的一种全新的声音处理手段。

注:数字音频资源是以音频激光唱片、光盘和网络为主要传播方式,以计算机及其相关外设为主要播放手段的音频信息资源。它的主要信息来源是磁带、广播、电影、电视等音频信息,它的主要服务方式和功能包括网络音乐、新闻广播、远程教学和数字图书馆等。

3.39 采样率 sample rate

即每秒钟采集多少个声音样本,用 Hz 或 kHz 来表示。一般声卡采用44.1 kHz、22.05 kHz、11.05 kHz三种频率。采样频率越高,采样点之间的间隔就越小,声音波形就表达得越精确,数字化声音失真也越小,但需要的存储空间也就越大。

3.40　量化级　quantitative level

度量采样后离散信号幅度时的分级数。

注：简单地说就是描述声音波形的数据位数的二进制数据，通常用 bit 做单位，如 16 bit、24 bit。16 bit 量化级，记录声音的数据是用 16 位的二进制数，因此，量化级也是数字声音质量的重要指标。

3.41　声道数　channels

传播音频信号的声道数，包括单声道、立体声、四声道环绕、5.1 声道等。

注：声道数是音频处理的重要参数，早期存储声音的接触式唱片最多有两条声道，后来的录音机、调频广播、录像机甚至连数字激光唱盘也都采用两个声道的规格，现在的杜比 AC－3 采用 5.1 声道，即左、中、右 3 个声道，左后、右后两个环场声道以及一个次低音声道，另外，还有 7.1 声道等技术。

3.42　信噪比　signal to noise ratio

信噪比是有用信号与噪声之比的简称。SNR＝有用信号的平均功率/噪声的平均功率。

3.43　比特率　bit rate

单位时间内传送或处理的数据位数。

3.44　LPCM 编码

以连续线性取样的方式撷取模拟信号转换成数字信号。

3.45　杜比降噪　dolby noise reduction

杜比降噪系统主要用来降低录音或放音的噪声。

3.46　模拟视频　analog video

以电磁信号记录的视频资料。

3.47　数字视频　digital video

以数字信息记录的视频资料。

3.48　采集　capturing

将模拟的视频内容采样编码为数字内容。

3.49　视频帧速　frame rate

单位时间内传输的视频画面数量。也可以理解为图形处理器的单位时间(每秒)能够刷新几次。一般用帧/秒或 fps 表示。

3.50　音频采样　audio sample

视频数据中音频信号的采样方式。

3.51　压缩　compression

以较少的位表达原始数据的编码过程。

3.52　编码　coding

数据变换或数据表示的过程。

3.53　标记　notation

表示数据所需处理的符号和规则之集合。

3.54　盘　disc

信息或信息被压制、压缩在材料表面上,可以用特殊的设备将其恢复的、扁平的圆形数据媒介。

3.55　磁带　magnetic tape

通常用塑料制成、表面覆盖着可以记录数据的磁化层的带子。

3.56　光盘　optical disc

通过激光扫描仪记录、回放或检索数据的盘。

3.57　数字视频光盘　digital video disc

标准尺寸的、圆盘形的大容量视频存储媒体。

3.58　附属物件　accompanying material

主体部分所附带的旨在与主体部分一起使用的资料。

3.59　存储　storage

为数据和文献的后续利用而进行的放置和保持的过程。

3.60　保存　preservation

用于维护文献或集的整体性和延长它们寿命的所有措施(包括财务决策和战略决策)。

3.61　格式　format

信息资源的物理或数字表现形式。

3.62　文件扩展名　file extension

计算机文件的末尾显示的字母,帮助计算机区分文件的格式。如.avi,.wmv,.mpg。

3.63　音频视频交错格式　audio video interleave(AVI)

美国微软公司开发的一种符合 RIFF(Resource Interchange File Format)文件规范的数字音频与视频文件格式,允许视频和音频交错在一起同步播放。AVI 通常被视为一种“容器”文件格式,内部的图像数据和声音顺据格式可以是任意的编码形式。

3.64　素材交换格式　material exchange format(MXF)

SMPTE(美国电影与电视工程师学会)组织定义的一种专业音视频媒体文件格式。MXF 文件通常被视为一种“容器”文件格式。

4　总体要求

4.1　数字资源管理模型①

根据信息生命周期理论和国家图书馆工作范围,本规范所涉及数字资源的管理模型包括三个阶段:采集加工、保存、发布。国家图书馆馆藏数字资源在管理过程中依次经历这三个阶段,如图 1-1 所示。

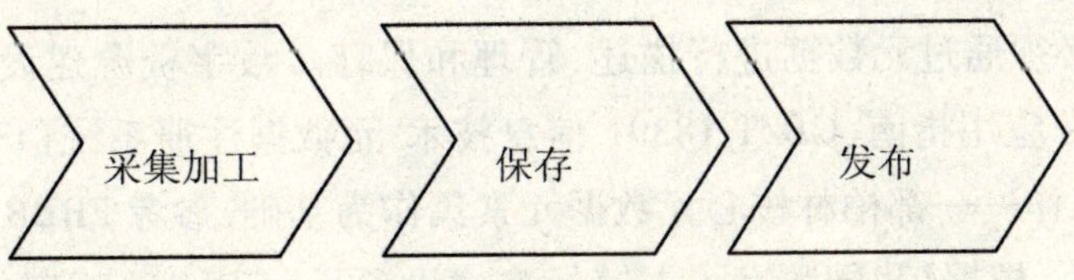

图 1-1　国家图书馆数字资源管理模型

采集加工阶段国家图书馆通过不同方式获取数字资源,按照相关规范对数字资源进行数

① 本规范针对数字资源的管理设计模型,与《国家图书馆管理元数据规范和应用指南》的管理元数据框架设计侧重点不同。

字化、著录等有序化整理操作,使之符合质量要求,具备必要的元数据信息。此阶段,需要保证各种数字资源格式符合要求,元数据完备,便于保存阶段和发布阶段进行管理。

保存阶段对采集加工阶段完成的数字资源进行存储、维护和修复,包括接收数字资源后进行校验并将其存储、对存储分级管理、对存储介质更新、进行错误检查校验、提供灾难恢复功能、提供数字资源发布服务。此阶段需要数字资源以最高质量进行保存,同时保证数字资源在迁移过程中的完整性和可用性。

发布阶段支持用户对存储的信息资源是否存在、描述是否符合需求、是否可以获取和可用性进行判定。执行用户申请和接收信息,包括与用户通讯获取请求、对特殊保护信息进行访问控制、协调完成对请求的操作、生成反馈(发布信息包、结果集、报告)并传送反馈给用户。此阶段需要将数字资源按照发布服务要求进行转换,根据授权情况对数字资源和元数据进行发布。

4.2 数字资源应用级别

为了满足不同来源数字资源在管理模型不同阶段的应用需求,数字资源分为长期保存级、复制加工级和发布服务级。根据实际情况,不同的应用级别可以在管理模型各个阶段使用。

• 长期保存级(Archives):作为档案保存及出版用的数字资源,不用于发布服务,可作为格式转换和复制的母本。

• 复制加工级(Process):有较高质量的数字资源,是加工复制各种精度、大小的数字资源的母本文件,供专家、合作伙伴及专门组织成员通过网络有权限的访问。

• 发布服务级(Service):提供普通读者通过网络访问,可进行浏览、下载、复制的数字资源。

4.3 字符集

数字资源内容及其元数据在管理模型加工、发布阶段,推荐使用 ISO/IEC 10646 字符集;在保存阶段必须使用 ISO/IEC 10646 字符集。

4.4 元数据

数字资源对象必须通过元数据进行描述、管理和保存。数字资源建设项目应以国家图书馆管理元数据规范和应用指南、GB/T 18391 信息技术 元数据注册系统(ISO/IEC 11179)、ISO 15836 信息和文献工作——都柏林核心元数据元素集作为基础,参考 FRBR 实体模型与国家图书馆元数据标准规范,根据《我国数字图书馆标准建设项目(CDLS)》规定的方法,结合所设计领域的专门元数据进行元数据设计与定义。元数据设计应当包括描述元数据、管理元数据和结构元数据三类。应该完整记录元数据文档,该文档应该列出所用的所有元数据元素的详细目录,以及这些元素对数字资源进行描述的方法,描述方法采用 schema。如果图书馆数字资源建设项目,基于现有的元数据模型而构建了一个适合自己的元数据模型,那么,应该描绘出该元数据模型与目前已经被公认的元数据之间的关联图或映射关系。

元数据 schema 的制定参考《国家图书馆元数据总则》。

数字资源元数据推荐包括以下基本元数据元素：

表 1－1　基本元数据元素

序号	元素名称	标识符	定义
1	名称	http://www.nlc.gov.cn/core/elements/title	赋予信息资源的名称
2	创建者	http://www.nlc.gov.cn/core/elements/creator	创建资源的主要责任者
3	主题	http://www.nlc.gov.cn/core/elements/subject	资源的主题
4	描述	http://www.nlc.gov.cn/core/elements/description	资源的说明解释
5	出版者	http://www.nlc.gov.cn/core/elements/publisher	使资源可以获得和利用的责任实体
6	其他责任者	http://www.nlc.gov.cn/core/elements/contributor	对资源作出贡献的其他责任实体
7	日期	http://www.nlc.gov.cn/core/elements/date	与资源生命周期中的一个事件相关的时刻或一段时间
8	类型	http://www.nlc.gov.cn/core/elements/type	资源的特征或类型
9	格式	http://www.nlc.gov.cn/core/elements/format	资源的文件格式、物理媒体或尺寸规格
10	标识符	http://www.nlc.gov.cn/core/elements/identifier	在特定上下文环境中，给予资源的一个明确的标识
11	来源	http://www.nlc.gov.cn/core/elements/source	与当前资源来源有关的资源
12	语种	http://www.nlc.gov.cn/core/elements/language	资源的语种
13	关联	http://www.nlc.gov.cn/core/elements/relation	相关资源
14	时空范围	http://www.nlc.gov.cn/core/elements/coverage	资源所涉及的空间或时间主题，资源所适用的空间或资源所辖的范围
15	权限	http://www.nlc.gov.cn/core/elements/rights	资源本身的所有者权利信息或被赋予的权利信息

4.5　数字资源唯一标识符

所有数字资源在管理模型不同阶段中，必须遵循国家图书馆数字资源唯一标识符规范和应用指南的体系框架、语法规则、命名规则、解析规则、管理规则和扩展规则，形成数字资源的永久标识和持久链接。在采集加工过程中，对所有不同来源的数字资源通过唯一标识符服务系统进行查重操作，对不同保存级别数字资源的唯一标识符进行分别注册；在保存阶段，针对存储方式的变化对数字资源唯一标识符进行更新维护；在发布阶段，通过数字资源唯一标识符对数字资源进行解析对外服务。数字资源唯一标识符系统完成标识符注册、解析、管理等功能，各阶段应用软件与数字资源唯一标识符服务系统连接获得相关应用服务。

数字资源唯一标识符分配的注意事项：

①数字资源对象有独立的元数据记录，可以对这个数字资源对象分配唯一标识符。相同内容、不同数字格式的数字资源对象采用不同唯一标识符进行管理。

②对于含有不同层次粒度的数字资源，如果某个层次粒度有独立的元数据记录，则该层次粒度的数字资源对象采用不同唯一标识符进行管理。建议四种数字资源粒度如下：

• 文本数据：以单篇文本为粒度单位，例如，一篇 PDF 格式的论文、一个 HTML 格式的网页、一份 DOC 格式的文件。

• 图像数据：以单幅图像为粒度单位，例如，一张 JPG 格式的照片、一幅 TIFF 格式手稿扫描图。

• 音频数据：以单个音频段落为粒度单位，例如，MP3 格式歌曲中的一个段落、WAV 格式讲话录音中一个段落。

• 视频数据：以单个视频段落为粒度单位，例如，MPEG 格式电影中的一个段落、AVI 格式讲座中一个段落。

③由拥有独立唯一标识符的简单数字资源对象组成的复合数字资源对象，必须编制元数据记录并分配唯一标识符。

④数字资源唯一标识符后缀由系统自动生成，与数字资源文件原有命名无关。

数字资源唯一标识符遵守《国家图书馆数字资源唯一标识符规范和应用指南》。

4.6 技术标准与格式体系

4.6.1 长期保存级

长期保存级的数字资源文件格式选择应具有的特征：

• 格式开放透明，采用国际或国家标准和技术规范。

• 不被软硬件绑定，被多种操作系统和应用软件支持，支持多种存储技术，或与存储技术无关。

• 持续可解释，不包含加密协议，也不包含加密选项。

• 可转换，支持其他格式转换为长期保存格式，支持过时的长期保存格式转换为新的长期保存格式。

(1)文本数据

采集格式推荐采用 TXT、XML、PDF 格式。

（2）图像数据

表 1－2 图像数据长期保存级技术标准

<table>
<tr><th colspan="2">文献类型/规格</th><th>图像分辨率（ppi）</th><th>色彩位深</th><th>文件格式压缩算法</th></tr>
<tr><td colspan="2">普通图书类</td><td>300—600</td><td>黑白
8 位
24 位</td><td>TIFF 5 / TIFF 6 不压缩或无损压缩（如:LZW）
TIFF－G4</td></tr>
<tr><td rowspan="3">胶片胶卷平片类</td><td>缩微胶片 16mm
35mm
开窗卡片</td><td>300</td><td>黑白
8 位
24 位</td><td>TIFF
不压缩或无损压缩</td></tr>
<tr><td rowspan="2">摄影胶片
135mm
120mm</td><td>2000 以上</td><td rowspan="2">8 位
24 位</td><td rowspan="2">TIFF
不压缩或无损压缩</td></tr>
<tr><td>150</td></tr>
<tr><td colspan="2">古籍类</td><td>300—600</td><td>8 位
24 位
更高</td><td>TIFF 5 / TIFF 6
不压缩或无损压缩（如:LZW）</td></tr>
<tr><td colspan="2">手稿乐谱类</td><td>300—600</td><td>8 位
24 位
更高</td><td>TIFF 5 / TIFF 6
不压缩或无损压缩（如:LZW）</td></tr>
<tr><td rowspan="2">拓片地图类</td><td>幅面边长
1 米以上</td><td>300</td><td>8 位
24 位
更高</td><td>长期保存级要求忠实原件信息，不做色彩、明亮度、对比度等任何处理</td></tr>
<tr><td>幅面边长
1 米以下</td><td>300—600</td><td>8 位
24 位
更高</td><td>TIFF 5 / TIFF 6 不压缩或无损压缩（如:LZW）
JPEG2000 无损压缩/有损压缩
JPG 有损压缩
GIF</td></tr>
<tr><td rowspan="2">照片彩页绘画类</td><td>大幅彩页绘画</td><td>300</td><td>8 位
24 位
更高</td><td>长期保存级要求忠实原件信息，不做色彩、明亮度、对比度等任何处理</td></tr>
<tr><td>小幅照片</td><td>1200</td><td>8 位
24 位
更高</td><td>TIFF 不压缩或无损压缩（如:LZW）</td></tr>
<tr><td colspan="2">报纸类</td><td>300—600</td><td>黑白
8 位
24 位</td><td>TIFF 5 / TIFF 6 不压缩或无损压缩（如:LZW）
TIFF－G4</td></tr>
<tr><td colspan="5">满足 OCR 或特别出版印刷需求时建议采用 400ppi 或 600ppi</td></tr>
</table>

表 1-3　小型实物资源(平面成像)长期保存级技术标准

<table>
<tr><th rowspan="2">载体类型</th><th rowspan="2">处理方式</th><th colspan="3">主要参数</th><th rowspan="2">建议格式</th><th rowspan="2">考虑因素及说明</th></tr>
<tr><th>长边像素</th><th>色彩位深</th><th>图形大小</th></tr>
<tr><td>大幅或多文字织物竹简</td><td>数码后背或大画幅拍摄</td><td>≥7000</td><td>24 位或更高</td><td>约 110M</td><td>RAW
TIFF</td><td>• 实物类需要精细表现其文字内容及质地的使用此标准
• 大画幅拍摄指用传统 120(或 4×5 英寸)相机拍摄,对胶片进行数字化</td></tr>
<tr><td>甲骨金石器物</td><td>数码相机拍摄</td><td>≥4000</td><td>24 位</td><td>约 30M</td><td>TIFF
RAW</td><td>物品幅面不大或文字内容不多、或不需要十分精细表现的用此标准</td></tr>
<tr><td colspan="7">备注:图像大小的测算条件是:最长边像素约 7000—150;数码后背有效像素 3300 万;色彩位深 24 位;实物测试样品为平面画卷。</td></tr>
</table>

(3)音频数据

表 1-4　音频数据长期保存级技术标准

<table>
<tr><th rowspan="2">资源内容</th><th colspan="3">主要参数</th><th rowspan="2">文件格式及压缩方法</th></tr>
<tr><th>采样率</th><th>量化级</th><th>通道数</th></tr>
<tr><td>特殊录音资料</td><td>96/320 kHz</td><td>24 bit</td><td rowspan="6">多声道/双声道/单声道(由原始资料特性决定)</td><td rowspan="6">BWF:欧洲广播波形格式
WAV:不压缩或无损压缩
APE:无损压缩
(不同压缩算法压缩比不同)</td></tr>
<tr><td>极高质量要求</td><td>48/128 kHz</td><td>24 bit</td></tr>
<tr><td>CD 质量标准</td><td>44.1 kHz</td><td>16 bit</td></tr>
<tr><td>录音最低质量</td><td>22.05 kHz</td><td>16 bit</td></tr>
<tr><td>语音质量</td><td>22.05 kHz</td><td>16 bit</td></tr>
<tr><td>语音最低质量</td><td>16 kHz</td><td>8 bit</td></tr>
</table>

(4)视频数据

表1－5　视频数据长期保存级技术标准

<table>
<tr><th colspan="2" rowspan="2">资源类型</th><th rowspan="2">主观质量描述</th><th colspan="6">主要参数</th></tr>
<tr><th>分辨率</th><th>帧速（帧/秒）</th><th>视频速率</th><th>音频速率（kbps）</th><th>音频采样</th><th>文件格式</th></tr>
<tr><td colspan="2" rowspan="4">原生数字视频/模拟信号视频/数据光盘</td><td>高清</td><td>1920×1080</td><td>25/30/60</td><td>固定码率50Mb/s或25Mb/s的可变码率</td><td>384</td><td rowspan="2">LPCM编码立体声48 kHz</td><td rowspan="4">MPEG2编码AVI格式</td></tr>
<tr><td>标清</td><td>720×576</td><td>25/30</td><td>15 Mb/s的固定码率或可变码率</td><td>384</td></tr>
<tr><td>相当于SVCD</td><td>480×576</td><td>25</td><td>2600kbps</td><td>224</td><td rowspan="2">立体声48 kHz</td></tr>
<tr><td>相当于VCD</td><td>352×288</td><td>25</td><td>1152 kbps</td><td>224</td></tr>
<tr><td rowspan="3">数字光盘</td><td>MPEG－2 DVD</td><td>DVD</td><td>720×576</td><td>25/30</td><td>7500 kbps或9800 kbps的固定码率</td><td>384</td><td>DOLBY AC3，48khz，6声道或立体声</td><td>MPEG－2编码</td></tr>
<tr><td>SVCD</td><td>SVCD</td><td>480×576</td><td>25</td><td>2600 kbps</td><td>224</td><td>立体声44.1 kHz</td><td>MPEG－2编码</td></tr>
<tr><td>MPEG－1 VCD</td><td>VCD</td><td>352×288</td><td>15/25</td><td>1152 kbps的固定码率</td><td>224</td><td>立体声44.1khz</td><td>MPEG－1编码</td></tr>
</table>

(5)复合数字资源

复合数字资源对象所包含的不同类型数字资源（文本、图像、音频、视频）的长期保存级技术指标参照以上规范。

4.6.2　复制加工级

复制加工级的数字资源文件格式选择应具有的特征：

- 格式开放透明，采用国际或国家标准和技术规范。
- 可转换，支持从长期保存级格式转换生成，可转换为发布服务级格式。
- 满足出版印刷的特定需求。

(1)文本数据

采集格式推荐采用 TXT、XML、PDF、RTF、DOC 格式。对于数据库形式文本数据须另行采用 XML 格式。

(2)图像数据

表 1－6　图像数据复制加工级技术标准

<table>
<tr><th colspan="2">文献类型/规格</th><th>图像
分辨率
(ppi)</th><th>色彩
位深</th><th>允许的编辑加工</th><th>文件格式
压缩算法</th></tr>
<tr><td colspan="2">普通图书类</td><td>300</td><td>黑白
8 位
24 位</td><td>锐化,裁切,纠偏,去噪,色彩管理</td><td>JPG、GIF;
JPEG2000 或封装到 PDF</td></tr>
<tr><td>胶片
胶卷
平片
类</td><td>摄影
胶片
135mm
120mm</td><td>原采集
像素</td><td>8 位
24 位</td><td>允许锐化,裁切,拼接,纠偏,去噪,色调调整等处理</td><td>有损、适度压缩</td></tr>
<tr><td colspan="2">古籍类</td><td>300—600</td><td>8 位
24 位
更高</td><td>锐化,裁切纠偏,去噪;成比例扩展,最低限度的调整彩色和色调</td><td>JPEG2000 无损压缩</td></tr>
<tr><td colspan="2">手稿乐谱类</td><td>300—600</td><td>8 位
24 位
更高</td><td>锐化,裁切纠偏,去噪;成比例扩展,最低限度的调整彩色和色调</td><td>JPEG2000 无损压缩</td></tr>
<tr><td rowspan="2">拓片
地图类</td><td>幅面边长
1 米以上</td><td>300</td><td>8 位
24 位
更高</td><td>锐化,裁切纠偏,去噪;成比例扩展,最低限度的调整彩色和色调</td><td>长期保存级要求忠实原件信息,不做色彩、明亮度、对比度等任何处理;
大多需要将 TIFF 文件转换成 JPG 文件后进行拼接处理</td></tr>
<tr><td>幅面边长
1 米以下</td><td>300—600</td><td></td><td>锐化,裁切纠偏,去噪;成比例扩展,最低限度的调整彩色和色调</td><td>TIFF 5 / TIFF 6 不压缩或无损压缩(如:LZW)
JPEG2000 无损压缩/有损压缩
JPG 有损压缩
GIF</td></tr>
</table>

续表

文献类型/规格		图像分辨率(ppi)	色彩位深	允许的编辑加工	文件格式压缩算法
照片彩页绘画类	大幅彩页绘画	300	8 位 24 位 更高	锐化,裁切纠偏,去噪;成比例扩展,最低限度的调整彩色和色调	长期保存级要求忠实原件信息,不做色彩、明亮度、对比度等任何处理 大多需要将 TIFF 文件转换成 JPG 文件后进行拼接处理
	小幅照片	原采集像素	24 位	锐化,裁切纠偏,去噪;成比例扩展,最低限度的调整彩色和色调	JPG2000 无损压缩
报纸类		300	黑白 8 位 24 位	锐化,裁切,纠偏,去噪,色彩管理	JPG、GIF;JPEG2000 或封装到 PDF

表 1-7　小型实物资源(平面成像)复制加工级技术标准

载体类型	处理方式	主要参数			建议格式	考虑因素及说明
		长边像素	色彩位深	图形大小		
大幅或多文字织物竹简	数码后背或大画幅拍摄	≥3000	24 位 或 更高	约 23M	TIFF JPG	• 实物类需要精细表现其文字内容及质地的使用此标准 • 大画幅拍摄指用传统 120(或 4×5 英寸)相机拍摄,对胶片进行数字化
甲骨金石器物	数码相机拍摄	≥2000	24 位	约 8M	TIFF JPG	物品幅面不大或文字内容不多、或不需要十分精细表现的用此标准

表 1－8　原生数字资源存储的推荐格式

资源类型	获得途径	应用	色彩位深	文件格式
美术图案	软件生成或合成、封装	电脑/网络或印刷	8 位 256 色(矢量图)	AI,EPS
平面设计				CDR,PNG,PSD
地图				DXF,TAF
辅助设计				DWG
平面动画		电脑/网络	8 位 256 色(矢量图)或 24 位彩色	SWF
三维动画				MAX,MB
文本图形		电脑/网络或印刷		PDF

(3)音频数据

表 1－9　音频数据长期保存级技术标准

	主要参数			文件格式及压缩方法
	采样率	量化级	通道数	
特殊录音资料	96/320 kHz	24 bit	多声道/双声道/单声道(由原始资料特性决定)	BWF:欧洲广播波形格式 WAV:不压缩或无损压缩 APE:无损压缩 (不同压缩算法压缩比不同)
极高质量要求	48/128 kHz	24 bit		
CD 质量标准	44.1 kHz	16 bit		
录音最低质量	22.05 kHz	16 bit		
语音质量	22.05 kHz	16 bit		
语音最低质量	16 kHz	8 bit		

(4)视频数据

表 1－10　视频数据长期保存级技术标准

资源类型	主观质量描述	主要参数					
		分辨率	帧速(帧/秒)	视频速率	音频速率(kbps)	音频采样	文件格式
原生数字视频/模拟信号视频/数据光盘	高清	1920×1080	25/30/60	固定码率 50Mb/s 或 25Mb/s 的可变码率	384	LPCM 编码立体声 48 kHz	MPEG2 编码 AVI 格式
	标清	720×576	25/30	15 Mb/s 的固定码率或可变码率	384		
	相当于 SVCD	480×576	25	2600kbps	224	立体声 48 kHz	
	相当于 VCD	352×288	25	1152 kbps	224		

续表

资源类型		主观质量描述	主要参数					
			分辨率	帧速（帧/秒）	视频速率	音频速率（kbps）	音频采样	文件格式
数字光盘	MPEG－2 DVD	DVD	720×576	25/30	7500 kbps 或 9800 kbps 的固定码率	384	DOLBY AC3，48khz，6声道或立体声	MPEG－2编码
	SVCD	SVCD	480×576	25	2600 kbps	224	立体声 44.1 kHz	MPEG－2编码
	MPEG－1 VCD	VCD	720×576	15/25	1152 kbps 的固定码率	224	44.1khz 立体声	MPEG－1编码

（5）复合数字资源

复合数字资源对象所包含的不同类型数字资源（文本、图像、音频、视频）的复制加工级技术指标参照以上规范。

4.6.3　发布服务级

发布服务级的数字资源文件格式选择应具有的特征：

- 格式开放透明，采用国际或国家标准和技术规范。
- 可转换，支持从长期保存级格式或复制加工级格式转换生成，可转换为其他格式。
- 满足网络浏览使用需求。

（1）文本数据

采集格式推荐采用TXT、XML、PDF、RTF、DOC、HTML格式。

（2）图像数据

表1－11　图像数据发布服务级技术标准

文献类型/规格	图像分辨率（ppi）	色彩位深	允许的编辑加工	文件格式压缩算法
普通图书类	72—96	黑白 8位 24位	锐化，裁切，纠偏，去噪，色彩管理	JPG、GIF；JPEG2000或封装到PDF

续表

<table>
<tr><th colspan="2">文献类型/规格</th><th>图像分辨率(ppi)</th><th>色彩位深</th><th>允许的编辑加工</th><th>文件格式
压缩算法</th></tr>
<tr><td rowspan="2">胶片胶卷平片类</td><td>缩微胶片
16mm
35mm 开窗
卡片</td><td>300</td><td>黑白
8 位</td><td>成比例扩展,锐化,裁切,拼接,纠偏,去噪。浏览服务级的图像压缩后可转换为 PDF 格式进行发布</td><td>JPEG2000 或封装到 PDF 有损、适度压缩</td></tr>
<tr><td>摄影胶片
135mm
120mm</td><td>150</td><td>8 位
24 位</td><td>允许锐化,裁切,拼接,纠偏,去噪,色调调整等处理</td><td>有损、适度压缩</td></tr>
<tr><td colspan="2">古籍类</td><td>72—300</td><td>8 位
24 位
更高</td><td>锐化,裁切纠偏,去噪;成比例扩展,最低限度的调整彩色和色调</td><td>JPG、GIF;
JPEG2000 有损、适度压缩</td></tr>
<tr><td colspan="2">手稿乐谱类</td><td>72—300</td><td>8 位
24 位
更高</td><td>锐化,裁切纠偏,去噪;成比例扩展,最低限度的调整彩色和色调</td><td>JPG、GIF;
JPEG2000 有损、适度压缩</td></tr>
<tr><td rowspan="2">拓片地图类</td><td>幅面边长 1 米以上</td><td>72—300</td><td rowspan="2">8 位
24 位
更高</td><td rowspan="2">锐化,裁切纠偏,去噪;成比例扩展,最低限度的调整彩色和色调</td><td>将TIFF 文件转换成 JPG 文件后进行拼接处理</td></tr>
<tr><td>幅面边长 1 米以下</td><td>72—300</td><td>JPEG2000 无损压缩/有损压缩
JPG 有损压缩
GIF</td></tr>
<tr><td rowspan="2">照片彩页绘画类</td><td>大幅彩页绘画</td><td>72—300</td><td>8 位
24 位
更高</td><td rowspan="2">锐化,裁切纠偏,去噪;成比例扩展,最低限度的调整彩色和色调</td><td rowspan="2">JPEG2000 无损压缩/有损压缩
JPG 有损压缩
GIF</td></tr>
<tr><td>小幅照片</td><td>150—800</td><td>24 位</td></tr>
<tr><td colspan="2">报纸类</td><td>72—300</td><td>黑白
8 位
24 位</td><td>锐化,裁切,纠偏,去噪,色彩管理</td><td>JPG、GIF;JPEG2000 或封装到 PDF</td></tr>
</table>

表 1-12　小型实物资源（平面成像）发布服务级技术标准

载体类型	处理方式	主要参数			建议格式	考虑因素及说明
		长边像素	色彩位深	图形大小		
大幅或多文字织物竹筒	数码后背或大画幅拍摄	150—1000	24 位或更高	约 15—500KB	JPG JPEG2000 GIF	• 实物类需要精细表现其文字内容及质地的使用此标准 • 大画幅拍摄指用传统 120（或 4×5 英寸）相机拍摄，对胶片进行数字化
甲骨金石器物	数码相机拍摄	150—1000	24 位	约 25—500KB		物品幅面不大或文字内容不多、或不需要十分精细表现的用此标准

表 1-13　图像数据（原生数字资源）发布服务级技术标准

资源类型	获得途径	应用	色彩位深	文件格式
图像照片	网络下载或外购捐赠等	电脑/网络	8 位或 24 位	原文件格式或 JPG，BMP，GIF

（3）音频数据

表 1-14　音频数据发布服务级技术标准

主要参数			推荐格式
比特率/采样率	量化级	通道数	
16—64 kbps/22.05 kHz	16 bit	双声道/单声道	MP3 AAC WMA

（4）视频数据

表 1-15　视频数据发布服务级技术标准

主要参数				
视频速率（kbps）	音频速率	帧速（帧/秒）	音频采样	建议编码
46	16 k	15	立体声 44.1 kHz	MPEG 4 编码的 WMV、FLV 或 RM

(5)复合数字资源

复合数字资源对象所包含的不同类型数字资源（文本、图像、音频、视频）的发布服务级技术指标参照以上规范。

5 数字资源采集加工管理

5.1 自建数字资源采集加工管理

自建数字资源包括馆藏文献数字化和创建自主知识产权的数字资源，由国家图书馆自行对资源进行建设。自建数字资源应严格遵循国家图书馆相关标准规范进行采选加工，采用长期保存级进行采集加工管理。具体参数要求参见本部分“4.6.1 长期保存级”。

5.2 购买数字资源采集加工管理

购买数字资源是在解决版权的前提下，通过购买或赠送取得的电子版本资源。

宜要求资源提供方提供裸数据，包括数字资源全文及元数据，并要求是通用的存储和发布格式，不进行加密处理。

必须提供元数据，采用通用存储格式的对象数据，以及元数据至对象数据的有效链接。

如果资源提供方无法提供通用存储格式的数字化文件，必须同时提供相关转换通用存储格式工具，由国家图书馆进行数字化或转换。

购买数字资源优先采用长期保存级进行采集管理，具体参数要求参见本部分“4.6.1 长期保存级”。最低标准推荐采用发布服务级进行采集管理，具体参数要求参见本部分“4.6.3 发布服务级”。

5.3 呈缴数字资源采集加工管理

呈缴数字资源包括一次性呈缴的静态类型数字资源、多次呈缴的动态变化类型数字资源、数字资源相关应用发布程序。

依据我国《电子出版物管理规定》采用实体移交方式接收一次性静态数字资源呈缴和相关应用程序，采用在线移交或网络抓取方式多次接收出版者自愿呈缴的动态类型数字资源和相关应用程序。

数字资源呈缴方提供完整可用的数字资源、运行环境和相关说明文档。

建议呈缴方提供元数据，通用存储格式的对象数据，以及元数据至对象数据的有效链接，不进行加密处理。

多次提交的动态类型数字资源需根据其周期性定时定量向国家图书馆呈缴。

如果资源呈缴方无法提供通用存储格式的数字化文件由国家图书馆进行数字化或转换。

呈缴数字资源优先采用长期保存级进行采集管理，具体参数要求参见本部分“4.6.1 长期保存级”。最低标准推荐采用发布服务级进行采集管理，具体参数要求参见本部分“4.6.3 发布服务级”。

5.4 网络数字资源采集加工管理

优先采集保存重要的且具有长期保存价值的中国联机出版物和网站。这里的联机出版物是指普通公众或特定群体的公众可用的信息,包括(但不限于):期刊、报纸和其他连续出版物、国际组织及政府出版物、会议文献、有价值的报告、论文和演讲、年度报告、统计资料、统计数据、法律文献、地图、有价值的文学作品、公众可存取的信息数据库、曾以印本形式出版的文档、任何符合 ISSN、ISBN 应用范围的文档。

网络数字资源以网站为单位进行采集加工管理,根据需要确定目标网站采集深度。

对于采集的数字资源集合进行元数据管理。

数据资源采用网页快照方式下载保存,保留原有网站域名或 IP 所属范围内的内容结构和链接关系。

为保证链接正确性可以对超链接进行重新封装,网络数字资源中特殊格式的数字资源按照要求进行格式转换并更新相关链接。

动态增加的网络数字资源对增量资源进行采集加工。

所有数字资源采集后必须检验其完整性和可用性,不存在无效链接。

通过采集的网络数字资源原始数据获取相关统计信息,包括网页标题、网页数量、文件长度、文件建立时间等。

网络数字资源根据情况优先采用长期保存级或复制加工级进行采集加工管理,具体参数要求参见本部分“4.6.1 长期保存级”。

复制加工级最低标准推荐采用发布服务级进行采集加工管理,具体参数要求参见本部分“4.6.3 发布服务级”。

5.5 软硬件要求

5.5.1 软件要求

数字资源采集加工应用软件至少应满足以下要求:

(1)支持 OAIS 长期保存参考模型框架,在功能上要全面支持采集加工过程,并支持与后续的保存过程的管理接口,包括支持接口相关的管理元数据的处理等。

(2)用户管理

- 支持用户角色分组,区分采集、加工、审核、管理等角色。
- 支持用户权限控制,不同用户可以赋予不同工作权限。
- 工作流程管理,根据人员角色情况可以自定义工作流。

(3)数字化

- 图片、音频、视频数字化,实现从实体状态或模拟形式向数字格式转换。
- 格式转换,支持文件格式间转换。

• 编辑加工，对图片、音频、视频进行修改、润色、合成、特效编辑。

(4) 元数据

• 元数据定义，支持元数据结构与元素自定义。

• 元数据增删改，支持元数据的编辑操作。

• 元数据映射，实现自定义元数据元素与标准元数据元素的映射转换。

• 支持元数据与数字资源对象对应关系的生成、编辑和管理。文字编辑，各语言文字编辑。

• 支持内嵌元数据和各种文件属性信息元数据自动提取。

• 图片、音频、视频预览，在线播放多媒体文件。

• 数据导入导出，以 XML 等开放格式导入导出信息。

(5) 日志记录和统计

日志记录和统计功能，对数字资源加工情况进行实时监控统计。

5.5.2　硬件要求

数字资源采集加工硬件至少应满足以下要求：

(1) 高速度高质量图像扫描设备、音视频拍摄采集转换设备。

(2) 多媒体采编工作站。

(3) 采用大容量高速磁盘阵列设备。

(4) 配备高速网络带宽。

5.6　采集加工元数据

数字资源在采集加工阶段应尽可能保证基本元数据（参见本部分“4.4 元数据”）的齐全，对于不同来源数字资源的不同元数据要进行转换和清洗，推荐采集加工以下元数据信息，见表 1－16。

表 1－16　推荐采集加工元数据

序号	元素名称	标识符	定义
1	名称	http://www.nlc.gov.cn/core/elements/title	赋予信息资源的名称
2	主题	http://www.nlc.gov.cn/core/elements/subject	资源的主题
3	描述	http://www.nlc.gov.cn/core/elements/description	资源的说明解释
4	类型	http://www.nlc.gov.cn/core/elements/type	资源的特征或类型
5	格式	http://www.nlc.gov.cn/core/elements/format	资源的文件格式、物理媒体或尺寸规格
6	标识符	http://www.nlc.gov.cn/core/elements/identifier	在特定上下文环境中，给予资源的一个明确的标识
7	来源	http://www.nlc.gov.cn/core/elements/source	与当前资源来源有关的资源

续表

序号	元素名称	标识符	定义
8	语种	http://www.nlc.gov.cn/core/elements/language	资源的语种
9	权限	http://www.nlc.gov.cn/core/elements/rights	资源本身的所有者权利信息或被赋予的权利信息
10	采集方式	http://www.nlc.gov.cn/AMS/specTerms.xml#AcquisitionApproach	采集某类信息资源的方式
11	加工项目	http://www.nlc.gov.cn/AMS/specTerms.xml#processingItem	信息资源加工项目的基本类型
12	加工要求	http://www.nlc.gov.cn/AMS/specTerms.xml#processingRequirements	加工要求的形式化描述

5.7 质量控制

5.7.1 加工质量规范

(1)工作流程

编制的工作流程和工作表单要切合实际、合理有效,对整体工作起到规范和质量控制的作用。

各工序加工技术要求应细化,并且清晰、明确。

(2)转换过程

在数字化转换过程中要求数字化转换格式正确、段落统一、标记准确。

严格控制数字资源各种数据综合错误率。

发现原始载体有问题及时登记、解决。

(3)文本、图像、音视频等不同类型数字资源的其他具体质量检验标准应该遵循相应管理规范。

(4)复合数字资源对象所包含的不同类型数字资源(文本、图像、音视频)的具体质量检验标准应该遵循相应管理规范。

5.7.2 数字资源质量规范

数字资源对象文件质量控制主要针对可用性信息、格式信息、内容信息。

(1)可用性信息

主要检查数字资源对象是否可用、文件名是否正确、是否符合相应命名规范、附属文件是否齐备、存储路径是否正确、文件是否被更改。

(2)格式信息

主要检查各种数字资源对象文件和元数据的语法是否合乎要求。

(3)内容信息

主要检查各种数字资源对象文件和元数据是否存在各种拼写错误或遗漏。

5.8 数字资源验收

5.8.1 数据验收

数字资源验收部门组织人员对数据进行验收,针对问题数据与数字资源加工部门进行沟通并填写意见书,数字资源加工部门根据意见书负责问题数据的重新加工及再提交,数字资源验收部门最终确认数据验收合格。

数据验收合格后,提交成品资源。

5.8.2 介质验收

数字资源验收部门对资源介质进行验收,针对有问题的资源介质,与数字资源加工部门进行沟通,数字资源加工部门负责问题资源介质的返工及再提交,最终由数字资源验收部门确认资源介质验收合格。

5.8.3 文档验收

数字资源验收部门根据有关规定的要求,对数据、成品资源和文档进行整体验收,并负责集中管理成品资源和项目的相关文档。

对象数据、元数据及文档要符合相关规定或图书馆相关标准规定的质量和数量要求。对象数据和元数据要保证对应关系。验收内容包括质量验收,数量验收,对象数据、元数据和数据库的对应关系验收。

数据的验收可分批提交验收,每批次提交的数据须包括对象数据及其相对应的元数据、数据库等。数据命名规则、保存格式需符合相关规定的要求。

5.8.4 验收方法与指标

根据数字资源加工对象不同,对其相应的元数据、数字资源对象数据根据合同要求进行检验。验收内容包括存储介质、元数据、对象文件。

(1)存储介质

验收方法:采取抽样合格率的方法进行验收,样本覆盖率不得小于3%。

验收标准:

- 提交的存储介质编号清单与存储介质相对应,准确无误;
- 存储介质无坏死文件、无黑屏;
- 文件不携带病毒。

(2)元数据

验收方法:采取抽样合格率的方法进行验收,样本覆盖率不得小于3%。

验收标准:

- 按照元数据质量要求抽检,抽样不合格率不得高于0.3‰;
- 信息表文字处理的错误率不得超过0.3‰;

• 信息表中的文件名与对象文件名位置准确、名称准确；

(3)对象数据

验收方法：采取抽样合格率的方法进行验收，样本覆盖率不得小于3%。

验收标准：

• 按照对象数据质量要求抽检，抽样不合格率不得高于1‰。

• 对象文件夹和文件名命名正确。

• 图像、音频或视频清晰，以保证尽量多的内容清晰为原则调整（由于原件造成的不清晰不适可算合格）。

• 数字化后的对象数据必须进行适当调整（例如图片去污、纠偏、去图像黑边、切割双画幅等处理，去污要求所有图像版芯之外的污迹都要去除，扫描文件不超过1度的偏斜）。

• 数字化后的对象数据要求真实反映原件，在原件正确的前提下不能出现数据内容缺失、顺序错误、爆音、丢帧、蓝屏等现象。

• 进行循环冗余校验或纠错码检验并记录结果。

• 文档的整理主要包括相关部门验收数据和成品时产生的移交单据和文档，需相关负责人签字确认；验收时产生的《数字资源加工验收单》，需负责人签字确认，并由相关部门负责相关文档存档管理。检验过程中的所有检验报告存档保存备查，保存期为2年。

• 《数字资源加工验收单》应包括以下信息：验收单编号、日期、相关经办部门经办人、加工对象描述、采集方式、数量、加工验收标准、资源检查核对情况、验收人员、验收数据量、验收错误率、验收是否合格、相关领导签字。

5.9 小结

数字资源采集加工阶段主要是采用符合要求的软硬件设备，完成数字资源对象的数字化采集和元数据的著录整理工作，使之符合相关技术标准、格式体系和质量要求，所有采集加工后的数字资源应完成验收工作。

6 数字资源保存管理

6.1 技术标准与格式体系

数字资源保存阶段采用长期保存级进行数字资源管理，具体参数要求参见本部分“4.6.1 长期保存级”。

6.2 软硬件要求

6.2.1 软件要求

数字资源保存应采用专业应用软件进行管理，应用软件至少应具备以下功能：

(1)支持OAIS长期保存参考模型框架，在功能上要全面支持保存过程，并支持与后续的发布服务过程的管理接口，包括支持接口相关的管理元数据的处理等。

(2)支持数字资源自动、手动备份管理。

(3)支持数字资源对象及元数据的长期保存，定期校验数字资源对象与相关元数据的链接关系。

(4)支持数字资源对象及元数据的查询、浏览、显示、执行，定期对数字资源对象及元数据的可用性进行检验。

(5)支持循环冗余校验或纠错码等方式对数字资源完整性进行检验。

(6)支持多种技术迁移方式：

• 在终端计算机、服务器、存储设备、网络等硬件设备发生迁移、升级、改造过程中，保证数字资源和元数据的完整性、相关性、可用性；

• 在操作系统、文件系统、数据库系统、应用系统等软件发生迁移、升级、改造过程中，保证数字资源和元数据的完整性、相关性、可用性；

• 在文件格式、文件存储位置等发生迁移、升级、改造过程中，保证数字资源和元数据的完整性、相关性、可用性。

(7)支持数字资源对象与元数据的统计报表，实时对数字资源保存情况进行监控。

6.2.2　硬件要求

数字资源保存硬件设备支持在线保存、近线保存、离线保存三级保存体系：

(1)在线保存采用大容量高速磁盘阵列设备。

(2)近线保存采用大容量低速磁盘设备、磁带库系统和光盘库设备。

(3)离线保存采用磁带库系统和光盘库设备。

(4)具备存储设备访问安全性控制。

6.3　保存元数据

各类数字资源在保存阶段除保存基本元数据(参见本部分“4.4 元数据”)外，还推荐包含相关保存元数据。

6.3.1　文本数据

表1-17　文本数据保存元数据

序号	元素名称	标识符	定义
1	识别工具	http://www.nlc.gov.cn/AMS/univTerms#identificationTool	识别文本资源的软件

6.3.2 图像数据

表 1-18 图像数据保存元数据

序号	元素名称	标识符	定义
1	分辨率	http://www.nlc.gov.cn/AMS/univTerms#resolution	对图像或文本数据细节的分辨能力
2	色彩	http://www.nlc.gov.cn/AMS/univTerms#color	图像或视频数据的颜色模式
3	色彩位深	http://www.nlc.gov.cn/AMS/univTerms#colorBitDepth	图像采样时所获得的最多颜色种类以及灰度等级,用每个像素点上颜色的数据位(bit)表示

6.3.3 音频数据

表 1-19 音频数据保存元数据

序号	元素名称	标识符	定义
1	采样频率	http://www.nlc.gov.cn/AMS/univTerms#samplingFrequency	每秒从连续信号中提取并组成离散信号的采样个数
2	比特率	http://www.nlc.gov.cn/AMS/univTerms#bitRate	单位时间内传送或处理的数据位数
3	通道数	http://www.nlc.gov.cn/AMS/univTerms#numberOfChannels	传播音频信号的声道数
4	量化精度	http://www.nlc.gov.cn/AMS/univTerms#quantizationPrecision	度量采样后离散信号幅度时的分级数
5	压缩	http://www.nlc.gov.cn/AMS/univTerms#compression	以较少的位(或其他信息承载单位)表达原始数据的编码过程

6.3.4 视频数据

表 1-20 视频数据保存元数据

序号	元素名称	标识符	定义
1	视频制式	http://www.nlc.gov.cn/AMS/univTerms#videoSystem	彩色电视视频信号传输时所遵循的方法
2	画面宽高比	http://www.nlc.gov.cn/AMS/univTerms#aspectRatio	图像或视频信号所显示画面的宽与高的比率

续表

序号	元素名称	标识符	定义
3	分辨率	http://www. nlc. gov. cn/AMS/ univTerms#resolution	对图像或文本数据细节的分辨能力
4	色彩	http://www. nlc. gov. cn/AMS/ univTerms#color	图像或视频数据的颜色模式
5	采样频率	http://www. nlc. gov. cn/AMS/ univTerms#samplingFrequency	每秒从连续信号中提取并组成离散信号的采样个数
6	比特率	http://www. nlc. gov. cn/AMS/ univTerms#bitRate	单位时间内传送或处理的数据位数
7	通道数	http://www. nlc. gov. cn/AMS/ univTerms#numberOfChannels	传播音频信号的声道数
8	采样方式	http://www. nlc. gov. cn/AMS/ univTerms#samplingMode	对视频或图像信号采样的方式
9	帧速	http://www. nlc. gov. cn/AMS/ univTerms#frameRate	单位时间内传输的视频画面数量
10	音频设定	http://www. nlc. gov. cn/AMS/ univTerms#audioSetting	视频数据中音频信号参数的设置
11	音频采样	http://www. nlc. gov. cn/AMS/ univTerms#audioSample	视频数据中音频信号的采样方式

6.4 保存办法

对保存的元数据、对象数据、内部封装元数据的数字资源以及各类型数字资源数据库，在保存前依据本部门“5.8 数字资源验收”进行检验。对保存的对象数据，如电子图书、电子期刊、图像、音视频文件、数值型等数据库，在保存时需注意采用长期保存级存储格式。对部分特殊数据库的库表结构，要确保其将来脱离数据库环境时的可利用性。为了保障元数据与对象数据直接的链接关系，保存的元数据一般分为两种，一种为独立存放元数据的数据库，即本地仅有元数据，但通过链接获得对象数据的数据库，仅保存元数据；另一种为元数据与对象数据放在一起的数字资源集合或集合型数据库，必须按照数字资源整体或集合型数据库保存。在保存时需注意资源的复合性，把网络资源中的各种数字对象结合起来保存，同时对重要元素进行元数据标引和描述，以保证恢复网络资源的原貌。

6.5 数据保存

采用光盘、硬盘等存储介质对采集加工后的数字资源进行保存，使数据不受损失。验收合格的数据（包括长期保存级、发布服务级别数据和相关文档）需分别刻录在两份 DVD 光盘上，保存一份在硬盘上，提交至数字资源管理部门进行集中管理，各专项承担部门不能自行保存管理。

光盘刻录内容需包括：长期保存级数据及与其对应的相关文档，一式两份；对应元数据及数据库，一式两份。发布服务级数据及与其对应的相关文档，一式两份；对应元数据及数据库，一式两份。光盘表面用油性笔标注盘面信息，光盘盒侧脊粘贴大标签。盘面信息及光盘标签内容按相关规定要求标注。

硬盘数据内容需包括长期保存级数据及与其对应的元数据、数据库、相关文档各一份；发布服务级数据及与其对应的元数据、数据库、相关文档各一份。相关文档包括光盘的文件数量、实体数量、文件格式、加工参数、加工时间、加工单位等。

6.6 数据备份

采用光盘、磁带等存储介质对保存的数字资源建立副本，保障数据的安全。不同来源的数字资源采用不同备份方案。自建资源的备份方案采用本地备份、选择跨城域的灾备中心离线异地储存。购买、呈缴、网络公开的数字资源损失后可以通过数据商提供信息恢复服务或向赠送者拷贝。备份方案采用本地备份、同城离线储存。

长期保存级的数据以光盘或者磁带为保存介质，并同时在不同介质保存至少三份作为备份。

复制加工级的数据需一至两份作为备份；届时根据服务需要转为发布服务级的，需按发布服务级的要求备份。

发布服务级的数据需一份作为日常备份，当在线服务的数字资源出现异常丢失或损坏时，确保其能够立即恢复与提供服务的数字资源。

6.7 保存制度

数字资源保存管理包括人员机构管理、数字资源接收与入库管理、数字资源账目管理、数字资源流通管理、数字资源检查与恢复、数字资源更新与迁移、数字资源存储环境、数字资源保存制度，以及综合管理等内容。

在数字资源发布机构和数字资源保存机构，设置专门的岗位和人员，负责数字资源的保存和管理工作。

数字资源保存机构在接受资源和办理入库手续时，要严格检查数字资源元数据和对象数据的数量、外包装以及索取号，办理交接手续。交接手续包括：提交送交电子清单一份、纸质清单两份、清点数字资源的品种和数量、在计算机上打开相关资源进行核对内容、验收合格后，提交方与接受方在纸质清单上签字，各保留一份。

对入库的数字资源要按照不同内容、格式和保存级别，分别建立电子账目和纸质账目并进行有效管理。对长期保存与临时保存的数字资源有长期保存和临时保存的索取号标识。数字资源出库与入库有登记手续。

出库服务必须严格按照相关规定，借阅长期保存的数字资源，要办理审批手续和借阅手续。

管理人员要定期检查数字资源的质量，对无法识读的资源进行登记，及时进行恢复与复本复制，以确保资源的长期有效保存。

对保存的各类型数字资源，要根据数字资源存取的要求，根据存储介质与计算机使用环境等变化的情况，适时进行数据更新与迁移。

通过定期检查，通过循环冗余校验或纠错码等方式对数字资源完整性进行检验，对无法识读的数字资源，要及时进行更新与迁移。

首先采取更新的办法，找到备份的数字资源，按原样复制一份。其次，根据数字资源的被识别、检索和使用的环境，分别采取硬件迁移、软件迁移、格式迁移等方法。

数字资源保存库房的环境，必须严格按照存储介质自身性能的要求，在温度、湿度、防磁场等方面达到相应指标；应配置专门的存放设备，以确保存放的磁带、磁盘等不被损坏。

数字资源保存制度包括：确定数字资源不同存储位置；建立定期通报制度；定期调整资源保存策略（例如对在线、近线、离线存储的数字资源的调整）；监视本地与异地所保存数据的情况；发布灾备命令并及时做出相关对策等。

6.8 数字资源库房管理

数字资源库房管理需做好人员入库管理、安全管理、藏品管理、卫生管理。

《数字资源入库单》应包括以下信息：入库单编号、日期、相关经办部门经办人、入库对象描述、验收单编号、数量、格式、载体、容量、相关领导签字。

《数字资源出库单》应包括以下信息：出库单编号、日期、相关经办部门经办人、出库对象描述、验收单编号、入库单编号、数量、格式、载体、容量、输出方向、用途说明、相关领导签字。

6.9 小结

数字资源保存阶段主要是采用符合要求的软件设备和存储介质，对数字资源进行保存和备份，同时补充保存元数据，保存过程中严格执行保存制度，保证数字资源和元数据的完整性、相关性、可用性。

7 数字资源发布管理

7.1 技术标准与格式体系

数字资源发布阶段采用发布服务级进行数字资源管理，具体参数要求参见本部分“4.6.3 发布服务级”。

7.2 软硬件要求

7.2.1 软件要求

数字资源发布应采用专业应用软件进行管理，应用软件至少应满足以下要求：

（1）支持 OAIS 长期保存参考模型框架，在功能上要全面支持发布过程，并支持与保存过程的管理接口，包括支持接口相关的管理元数据的处理等。

（2）发布控制：

- 支持数字资源对象本身及元数据的发布，可以根据自定义条件对数字资源进行选择性发布；
- 支持数字资源对象本身及元数据的查询、浏览、显示、执行，可以对数据的显示数量、显示形式（列表、图标、缩略图等）、排序方式进行设置；
- 自动推荐显示有关联的数字资源，可以通过元数据、浏览数量、内容相似度等设置数字资源关联性；
- 采用 XML/XSLT 等技术，数据独立于显示形式；
- 数字资源可以通过数据库访问动态网页方式或者 HTML 静态网页方式发布。

（3）用户控制：

- 支持用户级别分组，根据 IP 访问地址、用户名密码、数字证书等方式对用户进行级别控制；
- 用户级别与资源浏览权限控制，不同用户级别可以对不同数字资源、同一数字资源不同部分进行访问，不同用户级别可以拥有不同访问操作权限（查询、预览、显示、下载等）。

（4）数据交换：

- 支持 OAI-PMH 协议；
- 支持 METS 协议；
- 支持数字资源唯一标识符访问、解析、定位。

7.2.2 硬件要求

数字资源发布硬件设备至少满足以下要求：

（1）服务器支持大规模并发访问操作。

（2）对于处理数据量 100 万条结构元数据查询命中 1000 条的响应时间限制在 2 秒之内，对于 1000 万以上结构化元数据查询命中 1000 条的响应时间限制在 4 秒之内。

（3）支持各种数字资源格式实时转换。

7.3 发布元数据

数字资源在发布阶段可以根据需要发布基本元数据（参见本部分“4.4 元数据”）和相关保存元数据（参见本部分“6.3 保存元数据”），推荐发布以下元数据信息：

表 1－21　发布元数据

序号	元素名称	标识符	定义
1	名称	http://www.nlc.gov.cn/core/elements/title	赋予信息资源的名称
2	创建者	http://www.nlc.gov.cn/core/elements/creator	创建资源的主要责任者
3	主题	http://www.nlc.gov.cn/core/elements/subject	资源的主题
4	描述	http://www.nlc.gov.cn/core/elements/description	资源的说明解释
5	出版者	http://www.nlc.gov.cn/core/elements/publisher	使资源可以获得和利用的责任实体
6	日期	http://www.nlc.gov.cn/core/elements/date	与资源生命周期中的一个事件相关的时刻或一段时间
7	标识符	http://www.nlc.gov.cn/core/elements/identifier	在特定上下文环境中，给予资源的一个明确的标识
8	权限	http://www.nlc.gov.cn/core/elements/rights	资源本身的所有者权利信息或被赋予的权利信息

7.4　发布管理

数字资源加工部门将待发布数据和按文档方式描述的数据名称、类型、数量以及数据的存储介质和提交时间，交付数字资源发布部门，并双方签字确认。数字资源发布部门对来自不同地方的数据进行定位、审核，将数据及时准确地分发到相应的数据库存储服务器上，为读者提供服务。

《数字资源发布单》应包括以下信息：发布单编号、日期、相关经办部门经办人、发布对象描述、验收单编号、入库单编号、出库单编号、数量、格式、载体、容量、发布方向、用途说明、相关领导签字。

数字资源的发布部门对部分数字资源进行小批量发布测试，组织相关专家和用户代表对发布后的数字资源进行验收。

数字资源的发布部门要对发布的数据严格把关，对由于种种原因不能发布的数据进行分析和研究，直至数据成功发布。对于资源出现问题导致不能发布的原始数据，应将具体原因记录下来，并提交给数字资源加工部门，并以文档的方式签字确认。

数字资源加工部门接到错误数据的报告后，应在规定的期限内完成对数据的修改并尽快提交给发布部门，确保数字资源在发布时间内发布。

数字资源加工部门在保证数据准确无误的情况下，发布部门应按时发布数字资源，否则发布部门承担责任。

数字资源发布部门要做好数据发布过程中产生的各种文档的管理，做到有据可查。

数字资源发布部门要做好数据发布的各种统计，包括数据来源、数据类型；发布数据的数量、质量、发布时间；发布的服务器；未发布数据的数量和出错率等。

数字资源发布者对已经发布的数字资源，根据数字资源管理的规则，需要变更发布的数字资源时，负责发布信息的更新。

数字资源更新时，须经数字资源加工者提出和发布者共同确认，否则不予更新。

对已发布的数字资源不得随意修改，须经相关部门批准。

要确保系统运行的安全可靠，数字资源加工者对所有提供的数据要进行病毒查杀，数字资源的发布者对要发布的数据要进行病毒查杀的抽查。

系统管理人员要做好服务器密码的保密工作，不得随意告之不相关的人员。

为确保系统安全，应设置备份服务器，在正式服务器出现异常情况时，以最快的速度启用备份服务器，保证服务的质量。

系统管理人员要随时检测系统的运行状况，发现病毒和黑客攻击要及时处理，必要时要上报相关部门负责人。

数字资源的存取管理也就是要对其用户进行区分，对于符合一定条件的用户，数字图书馆给予其存取数字资源的权利。

7.5 小结

数字资源发布阶段主要是按照发布管理流程，选择合适的软硬件设备，对符合发布需求的数字资源和元数据开放服务，同时对资源发布进行完整统计。

附录 A
（规范性附录）
库房建设标准

库房环境、电源及防雷接地应满足《建筑与建筑群综合布线系统工程设计规范》(CECS 72:97)的要求。库房的设计应符合下列规定：

• 设备间的地面面层材料应能防静电。

• 设备间至少提供离地板 255cm 高度的空间，门的高度应大于 210cm，门宽应大干 90cm，地板的平均荷载应大于 $5kN/m^2$。凡是安装综合布线硬件的地方，墙壁和天棚应涂阻燃漆。

• 设备间应采用全封闭房间，防止有害气体(如 SO_2、H_2S、NH_3、NO_2 等)侵入，并应有良好的防尘措施。

• 设备间室温应保持在 10℃至 25℃，相对湿度应保持 60% 至 80%。

• 设备间应安装符合法规要求的消防系统，应使用防火防盗门，至少能耐火 1 小时的防火墙。

• 库房内无线电干扰场强，在频率范围为 0.15—1000MHz 时不大于 120dB。机房内磁场干扰场不大于 800A/m。

• 库房内的照明要求在离地面 0.8m 处，照度不应低于 200lx，其他房间的照明不应低于 5lx，主要通道及有关房间可根据需要设置，但其照度要求是在离地面 0.8m 处不低于 1lx。

• 防雷接地可单独接地或同大楼共用接地体。接地要求每个配线柜都应单独引线至接地体，保护地线的接地电阻值，单独设置接地体时，不应大于 2Ω；采用同大楼共用接地体时，不应大于 1Ω。

附录 B
（资料性附录）
国家图书馆数字资源库房管理条例

国家图书馆数字资源库房管理条例适用于数字资源库房（不含加工流程数字资源存放地点）的管理。

第一，人员入库管理

各类库房非本库管理人员入库，须按规定出示相关证卡，如须履行审批和登记手续，应出示相关批件，并经库房管理人员核准登记入库。入库登记内容包括：入库者姓名（参观只登记陪同者姓名）、入库人数、入库事由、入库及出库时间。各类库房原则上不接待参观，如必须参观，须按规定审批并有专人陪同，入库参观者应遵守各库房相关管理规定，未经允许不得拷贝、拍照、摄像。进入库房，严禁携带各类易燃、易爆、易腐蚀、易污染等危险品；严禁携带食品；严禁携带箱包、兜袋等包装用品（开架库房另见细则）。非工作时间原则上不允许入库，确须入库，按相关规定审批；由保卫处核准、开关库门，办理相关手续后陪同入库。遇紧急灾情须立即入库，可由总值班负责人批准先行入库，事后补办相关手续。

第二，安全管理

库房管理人员到岗后、下班前应对库房进行全面巡查，发现问题，及时向有关部门汇报并保护好现场。下班后关好门窗、水电，锁好库门；遇节假日放假，没有开放任务的库房应封库。库内严禁擅自拉接电源线，服务器、存储、应急电源设备应保持正常工作。各类库房内严禁吸烟、严禁使用明火，因施工必须使用明火，须由基建后勤部门领导批准，并在消防科办理“明火施工许可证”后，方可施工，施工时还应有消防部门工作人员现场监督。各库房应保持通道畅通，配电房及消防器材附近严禁堆放杂物。遇防灾系统报警，查明原因，并立即与保卫、消防及本部门领导联系，及时处理险情。库房钥匙由专人保管，下班后将钥匙存放于指定地点，任何人不得将钥匙携出馆外。换锁或配钥匙须经保卫科批准备案，任何人不得擅自操作。定期检查、维护库内各种救灾、报警等器材、设备，如有损坏、失灵，及时报修。各类库房内设专人负责定期检查，施放除虫、灭鼠药物。

第三，藏品管理

库房管理人员对出入库数字资源藏品须认真清点数量，检查藏品是否有损，是否可以正常读写，并按规定履行交接手续，入库藏品及时上架。发现问题及时与交接部门联系，必要时上报部门领导。各类库房按相应的排架规则进行排架。读者或图书馆工作人员使用藏品，按馆有关规定提取；图书馆相关部门因公提取藏品须履行相关审批及交接手续。库房管理人员应认真履行工作职责，确保藏品安全，不丢不损。任何人不得私自下架数字藏品，影响正常流通。各类库房按规定定期或不定期进行库内藏品的清点工作，发现问题及时处理，确保藏品、目录（数据）、账目的一致性。库房内藏品一律不得直接放置于地面上。凡有破损的藏品，库房管理人员有义务进行简单修整或外送修复、装订，暂不流通。剔除、注销藏品应按有关规定办理注销手续。

第四，卫生管理

库房内应保持清洁卫生，无尘无土，阅览室应保持阅览桌、椅的清洁。各库房卫生工作指派专人负责。清扫库房过程中要确保藏品及各种设备的安全、不污不损，清洁存放藏品柜（架）时，湿度不宜过大，更不得滴水、流水。同时，要始终保持室内正常温度、湿度。

第五，库房管理人员

各类库房应指派专人进行管理。库房管理人员应热爱本职工作，遵守库房管理条例及馆内其他有关规章制度，忠于职守。各类库房管理人员应掌握所负责库房藏品管理的一般知识，熟悉库藏，做好藏品的日常管理工作。库房管理人员应掌握所负责库房内消防器材、用具的分布情况和使用方法，通晓一般消防知识，能及时、准确地处理险情。库房管理人员有责任对入库者进行监督管理，入库人员应服从库房管理人员管理，对拒不服从管理者，库房管理人员有权制止其入库。库房管理人员工作时间不得擅自离岗，造成空岗或无人值守。库房管理人员要认真做好值班记录，保存好提书清单、入库批件等。

第六，库房器材

库房集电气、安装等多个方面于一体，库房设计与施工优劣直接关系到数字资源是否安全有效地保存和应用。由于库房的环境必须满足各种存储介质和工作人员对温度、湿度、洁净度、电磁场强度、噪音干扰、安全保安、防漏、电源质量、振动、防雷和接地等的要求。所以，一个合格的库房，应该是一个安全可靠、舒适实用、节能高效和具有可扩充性的机房。

附则

各库房的值班记录、提书清单、领导签发的入库批件、入库登记表等均由负责该库管理的科组留档不少于十二个月。各类库房管理人员必须严格遵守本条例的各项条款，对于违反本条例发生重大问题的，按馆有关规定给予经济处罚并追究当事人及部门领导责任。原有库房管理规定中凡与本条例相矛盾之处，均以本条例为准。

第二部分　国内外数字资源管理的发展与实践

1 概述

数字资源对象是构成数字图书馆资源的重要组成部分,本章节主要就国家图书馆及其他数字图书馆的数字对象管理和处理进行调研与分析。调研工作开展于本项目的初期,以帮助编制《国家图书馆数字对象管理标准规范》。调研结果力争做到具有代表性,希望对图书馆数字对象管理实践活动具有实际意义。

1.1 数字资源对象的界定

数字资源是指通过计算机可以利用的各种信息资源的总和。从原始数据形态来看,数字图书馆的数字资源是将存储于各种载体的文字、图像、语音、视频等原件转换成统一的数字编码信息,包括图书馆所藏的数字形态的文本资料、图像资料、音频资料、视频资料、缩微资料等。数字资源是文献信息的表现形式之一,是将计算机技术、通信技术及多媒体技术相互融合而形成的以数字形式发布、存取、利用的信息资源总和。商业化的数据库、机构或个人建立的数据库、各种网络免费资源等都属于数字资源。同印刷型文献相比,数字资源类型更为丰富。

1.2 数字资源对象的分类

数字资源从组织形式上看有多种类型,包括有数据库、电子期刊、电子图书、网页、多媒体资料等。

按存储介质,可分为磁介质和光介质两种类型。其中,磁介质包括软盘、硬盘、磁盘阵列、活动硬盘、优盘、磁带等类型;光介质包括 CD、DVD、LD 等类型。常用的数字资源存储介质为硬盘、磁盘阵列、磁带及 CD、DVD、LD 等。

按数据传播的范围,可分为单机、局域网和广域网等方式。单机利用可以是光盘或安装在一台计算机上的数据;局域网内部利用是用户能在机构内部浏览检索数字资源,但在机构的局域网以外的网络环境中不能访问;广域网方式是指用户可以在任何一个拥有 Internet 的地方通过一定的身份认证方式或者不需认证就可以访问数字资源。

从资源提供者来看,可分为商业化的数字资源和非商业化的数字资源。前者包括数据库商、出版商和其他机构以商业化方式提供的各种电子资源,如:中国期刊网等数据库,图书馆需要支付一定的费用后再提供给一定的读者群,或者读者个人通过读书卡和其他方式购买数据库的使用权。这些数字资源内容丰富、数据量大,是目前图书馆馆藏资源建设中的重要内容。后者主要指机构自建的特色资源库、开放获取资源、机构典藏和其他免费的网络资源,这些资源或者由图书馆自行建设,或者可以从网络上免费获取,当然,图书馆特色资源库在建成之后也可以以商业化方式进行运作,此时,对其他图书馆而言,也可以称之为商业化数字资源。

从数字资源对象的来源看，大致有以下几种：接受缴送、购买、文献交换、征集和接受捐赠等方式。

依据文献的特征和属性，图书馆馆藏的类别可分为以下类别：

• 图像资料。图像用数字任意描述像素点、强度和颜色。描述信息文件存储量较大，所描述对象在缩放过程中会损失细节或产生锯齿。在显示方面，它是将对象以一定的分辨率分辨以后将每个点的色彩信息以数字化方式呈现，可直接快速在屏幕上显示。分辨率和灰度是影响显示的主要参数。图像适用于表现含有大量细节（如明暗变化、场景复杂、轮廓色彩丰富）的对象，如照片、绘图等，通过图像软件可进行复杂图像的处理以得到更清晰的图像或产生特殊效果。

• 音频资料，又称录音资料，是以人的听觉器官来感知的信息资源。音频资料既可是模拟信号，又可是数字信号，并需用各种相应设备进行播放。其载体包括各种录音带和唱片。

• 视频资料。视频信息是其内容随时间变化的一组动态图像（25 或 30 帧/秒）。视频图像又称运动图像或活动图像。其图像是运动的，内容随时间变化，伴随的声音与运动图像同步。信息容量大，集成了影像、声音、文本等多种信息。其载体包括各种录像带、视盘和电影片等。

• 缩微资料，又称缩微品。它是以印刷型文献为母本，采用光学摄影技术，用摄影的方法把文献的影像缩小记录在感光胶片上，然后借助于专门的阅读设备进行阅读的一种文献形式，包括 16mm、35mm、70mm 缩微卷片和 105mm 的缩微平片以及缩微卡片。

1.3 调研工作范围

调研工作分为国内外数字图书馆项目与数字对象类型两方面调研。

国内外数字图书馆项目范围主要以处理大量数字对象的单位为调研对象，兼顾大型与中型项目，着重了解项目背景、资源采集加工过程、格式与元数据、质量管理等方面内容，具体内容包括：美国国会图书馆“美国记忆”项目、华盛顿研究图书馆联盟数字化生产中心、保存和获取澳大利亚网络文献资源项目、中央电视台广播电视音像资料馆媒体资产管理系统、民国图书缩微卷片转换数字资源项目。

数字对象调研主要针对文本、图像、音频和视频四个数字对象来源，分别对每一类数字对象处理格式进行浏览与概括。

通过对上述内容的调研，可以了解目前类似项目对数字对象处理的总体情况，了解相关的管理办法以及存在的问题，对下一阶段项目的工作有一定的借鉴意义。同时，调研过程中对国家图书馆现有管理规范进行汇总，并选登与数字化直接相关的规范，以说明目前国家图书馆数字对象管理现状。

2 数字图书馆项目调研结果

数字资源是数字图书馆重要的基础内容,其生成、管理和获取,是数字图书馆建设中重要的基本环节和组成部分。在过去的几年中,世界各国的图书馆等机构通过一系列数字化项目,积累了大量的数字资源,取得了可观的成果。本次调研围绕着国内和国外的若干知名机构和图书馆的数字资源对象的管理、加工、标准等方面展开,详细描述了不同类型的数字资源对象的管理以及标准。

2.1 美国记忆项目

美国记忆(American Memory)是美国国会图书馆在数字图书馆领域的一次尝试,也是目前为止这个领域规模最大的一次尝试,1990 年正式启动。为了建设美国记忆,美国国会图书馆先后组织了两期项目,一个是“美国记忆试验计划”(1990—1994),另一个是“美国数字图书馆计划”(1995—2000)。

2.1.1 美国记忆的特点

2.1.1.1 规模及进度

美国记忆的规模是它的一个重要特点。到2000 年4 月美国记忆已经数字化了340 万件馆藏,数据主要来自国会图书馆下属的两个部门,一个是地理和地图部(Geography and Map Division,G&M),另一个是印刷品和照片部(Prints and Photographs Division, P&P)。

尽管美国记忆是多家单位合作完成的结果,但其他单位所占的比例实在很小。到1990 年年底,美国国会图书馆数字化25 万件馆藏,而其他单位只提供了8.5 万件馆藏。

2.1.1.2 内容、标准及使用

到目前为止,美国记忆数字馆藏收集整理的都是历史类材料,与美国国会图书馆整个馆藏相比,还只是非常小的一部分。目前还没有把整个馆藏全部数字化的计划。

组成美国记忆数字馆藏的有从文本类(Textual)资料转换而成的黑白图像,从图片类(Pictorial)资料转换而成的灰度和彩色图像、数字化的活动影像和音频资料以及可搜索的文本。数字化过程中使用了扫描仪、数字相机、音频和视频采集设备,并且在重新输入文本并对文本置标的过程中投入了大量的人力。美国记忆尽可能地采用国际标准、美国国家标准或工业标准。例如,文本采用标准通用标记语言(SGML)标记,未压缩图像的格式是标记的图像文件格式(TIFF),压缩图像的格式是 JPEG 文件交换格式(JFIF)。如果没有可用的标准,美国国会图书馆会选用较为流行的格式,例如,音频使用 RealAudio 格式,活动影像使用 QuickTime 格式,地图使用多解析度无缝图像数据库(MrSID)格式。

除了“The African American Odyssey”、“The New DealStage:Federal Theatre Project”和“Walt Whitman Notebook”3 个专集,读者可以通过同一个搜索界面检索美国记忆的所有专集或某些感兴趣的专集。当然,读者也可以进入某个专集后检索当前专集的内容。许多专集都有精心编制的目录，读者可以在浏览这些目录的过程中很方便地找到自己感兴趣的内容。这些目录又被称为“查找助手”(Finding Aid)。使用查找助手在感觉上更像在看一本书。

2.1.1.3 组织与协调

美国数字图书馆计划办公室有一个较为稳定的核心队伍。除此之外，每当具体项目进入一个新的阶段或者即将结束的时候，相关单位(例如上文提到的 P&P)的代表会进入这个办公室。具体项目一般由办公室的协调人员进行管理；某些情况下也可能由相关单位自行管理，此时，该单位的代表会成为办公室的兼职人员。

国会图书馆所有计算机系统的管理(包括各种磁盘或磁带存储系统)均统一到馆内的信息技术服务处(Information Technology Services,ITS)，例如美国记忆各个专集的在线内容均由 ITS 的系统工程组负责。国会图书馆的服务窗口单位称为图书馆服务处(Library Services)，该处所有与自动化和信息技术相关的活动均由自动化计划与联络办公室协调。所有与数字资源相关的技术标准均由网络开发与 MARC 标准办公室进行协调。

2.1.2 美国记忆技术方案要点

美国记忆的目标是为用户提供更为直接的访问珍贵历史资源的途径。具体的技术方案必然为这个目标服务，并且处处体现着“使用重于保存”这一重要的原则。

1992 年 6 月 9 日至 1 日美国记忆组织了电子文本工作组会议。会议是在组织者的头脑中充满了模糊概念的情况下召开的。例如会议名称中的“电子文本”(Electronic Text)，在会后整理的材料中被解释成“任何文献、书籍或手稿(包括图像)的计算机化的复制品或计算机化的版本”，可能只有这样才能涵盖与会者讨论的范围。这说明当时美国记忆试验计划缺乏一个完整和系统的技术方案而且有关人员对一些基本问题缺乏认识，例如，电子文本置标的价值和过程、光盘技术之外其他可用技术等。与会者讨论的问题包括图像、可搜索的编码后文本（例如采用 SGML 标记后的文本)、计算机网络(例如因特网)、CD - ROM 制作和分发、历史资料计算机化的方法和技术、数字资料的应用。会议结束时所有这些问题都没有明确的结论。有人因此认为这是一次不够成功的会议，没有取得突破。后来的事实证明，这次会议对美国记忆的技术方案产生了深远的影响。

2.1.2.1 数字馆藏的基本单位

数字馆藏的基本单位是技术方案的基础。美国记忆馆藏的基本单位仍然是“件”(Item)，字面上没有变化，但不同于传统馆藏基本单位“件”。一件数字馆藏可以是：①一张相片或图片；②一组密切相关的相片或图片；③包含很多文献的一夹(Folder)手稿；④包含很多夹的一箱(Container)手稿；⑤一本图书数字化得到的可搜索文本和一组页面图像（Page Image)；⑥一部活动影像；⑦一部录音。因此确定一“件”数字馆藏是一个随意性很大的过程，与最后的展示程度密切相关。对于读者而言，一条单独的书目记录总是指向一件馆藏或查找助手中的一行。国会图书馆用 856 字段的 f 子字段来指向一件数字馆藏。

一组“件”称为“聚件”(Aggregates)。聚件可以用来组织更为复杂的数字馆藏。国会图书馆用 856 字段的 d 子字段来指向聚件。

2.1.2.2　编目与元数据

最初美国记忆所有专集的书目数据都采用 MARC 格式,但其技术规范并没有强制规定元数据格式。因此,目前美国记忆内元数据格式并不统一。此外,不同的专集编目深度也不同。有 3 种编目级别,即完整编目、最小编目和预编目。完整编目需要验证所有的信息,可能需要向规范档追加数据,需要准备描述性摘要,还要赋相当数量的主题词。完成一条完整编目记录需要 3 至 4 个小时。最小编目需要对照规范档,但很少向规范档增加数据,不做描述性文摘,只赋少量的主题词。完成一条最小编目记录一般需要 2 个小时。预编目不对照规范档,照抄原件上的内容,给出很少的主题词。典型情况下,完成一条预编目记录只需 30 至 45 分钟。在印刷品和照片部,只有极少数专集采用完整编目,大部分照片类专集都采用预编目。地理和地图部的情况则恰恰相反,大部分专集都采用完整编目。从印刷品、照片部、地理和地图部的主要著录项可以看出部门之间实际著录项的差别并不大。

如果多张密切相关的相片(或图片)构成一组,通常只生成一条书目记录,而不是给每张照片或图片分别生成一条记录。

1999 年,国会图书馆提出了自己的一个元数据核心元素集,确定了 3 类用于管理数字馆藏的元数据。第 1 类是描述型元数据,用于搜索和浏览(资源发现过程)。第 2 类是结构型元数据,用于表现复杂数字馆藏中各个部件的关系(资源表示过程)。例如,一件母体文献可能会有很多页,通过扫描,每页都至少对应一个页面图像文件。因为该页可能会有小样图(Thumbnail),还可能会有插图,所以某页可能会对应多个页面图像文件。利用结构型元数据,同属于这件母体文献的每个页面图像文件就能建立起关联。第 3 类是管理型元数据,用于各种管理性任务。元素集中的元素至少属于这三类元数据中的一类,有些元素可能会兼有多项功能。为了便于索引并避免维护两套书目记录,描述性元数据没有和数字复件(Digital Reproduction)放在一起。结构型元数据作为一个辅助文件和数字复件放在一起。在这个文件里,一行对应一页。在这一行中包含:①一个序列号;②该页在母体文献中的页码(这是可选项);③指向该页对应的各个页面图像文件的链接信息;④指向一条书目记录的链接信息(如果存在书目记录)。

元数据的存储和管理对系统提出了很高的要求。美国数字图书馆计划已经进行了一些试验,没有得到非常满意的结果。他们还计划进行更多的试验。难点在于美国记忆的规模、组成美国记忆各个专集间的差异以及对系统效率的考虑。

2.1.2.3　查找助手

大量使用查找助手是美国记忆的一个重要的技术特色。从外观上看,查找助手是一个内容详尽的目录,展现了专集的组织方法,如按时间组织、按地点组织或者按主题组织。通过这个目录,读者能够较为迅速地了解专集的范围和内容,并且查找助手还经常提供一些补充材料,如生平或者年表等。他们认为这是组织档案类资料的好方法,特别适合研究人员。对查找工具置标遵循档案描述编码(Encoded Archival Description,EAD)标准。EAD 有两个层面,在语义层它包含一套描述型元数据元素,在语法层它符合 SGML 的要求。

2.1.2.4 SGML置标

SGML在美国记忆中有两个用途：一是用于对查找助手置标；二是用于对全文置标。对查找工具置标遵循EAD标准。对全文标记遵循文本起始化编码倡议（Text Encoding Initiative，TEI）指南，或TEI简化版，或者是更简单和更灵活的“美国记忆文献类型定义”（DTD）。

置标文本存放在扩展名为“.sgm”的文件里，它有一个扩展名为“.ent”的附属文件。对于一件母体文献，这两个文件和所有的页面图像文件都放在同一目录下。置标文本与页面图像文件以及其他图表的链接关系，通过SGML的实体引用（Entity Reference）实现。实体引用由两部分构成：一部分表明外部实体（被链接的对象）是页面图像、插图、表格；另一部分是外部实体的实体声明名称（相当于一个别名）。附属文件里存放的就是实体声明名称和外部实际文件名的对应关系。

美国记忆所有文字类专集的文本都经过SGML标记，但由于目前所有的浏览器都需要使用第三方插件才能显示SGML文本，提供服务的时候，这些专集都将SGML文本转化成HTML文本。也有些专集单独保留了SGML版本，供那些安装了插件的读者使用。

2.1.2.5 索引和检索引擎

与国会图书馆的其他项目一样，美国记忆使用了智能信息检索中心（Center for Intelligent Information Retrieval，CIIR）研制的一种索引和检索引擎InQuery。InQuery具有以下特点：

• 灵活。能对多种格式的文本进行索引，例如HTML文本。在对某个文件内的记录建立索引时，可以挂接用户自行开发的记录提取程序。

• 强大。提供了多种查询操作，其中既包括严格的逻辑操作、邻近操作，还提供了基于概率模型的一些操作，允许用户按照相关度来排列文献，并且还允许用户对查询表达式中的检索词赋予不同的权重。

对于文字类专集，书目记录索引和全文索引是彼此独立的。考虑到美国记忆的核心用户是中小学教师和学生，美国记忆的搜索界面上只有一个输入的窗口，用户无需知道系统的这些细节，也就无需培训就能使用。实际的工作由InQuery在后台完成。InQuery会分别检索书目记录索引和全文索引，如果查询表达式中有多个检索词，这种搜索动作会进行很多次，并将几次搜索的结果合并到一起。最后返回的命中文献可能是：

（1）查询表达式中检索词构成的短语与文献中的一个短语完全一致，该文献将排在命中文献列表的前面。

（2）查询表达式中所有检索词均在文献中出现，此时这几个检索词在文献中的距离将决定该文献在命中列表的位置，距离较近的排在前面。

（3）如果上面两种情况都不存在，那些仅包含查询表达式中部分检索词的文献也将作为命中文献返回。

2.1.2.6 系统结构

美国记忆最初的原型系统基于苹果电脑公司Macintosh的HyperCard。图像在计算机屏幕上显示,动态图像通过视盘在电视屏幕上显示。这一结构随着国会图书馆把越来越多的专集放到万维网上而被逐步淘汰。但对数字馆藏复杂性的认识是个漫长的过程。在对一"件"数字馆藏的多样性有了较为明确认识之后,美国数字图书馆计划选择了基于计算机科学技术报告(Computer Science TechnicalReport, CS - TR)结构的美国研究倡议公司(Corporation for National Research Initiatives,CNRI)句柄(Handle)系统。这一结构又被称为Kahn/Wilensy 框架。CS - TR 结构采用面向对象的分析方法,较好地描述了数字图书馆内的基本元素——数字对象的内在结构和组织方法。句柄系统的核心是具有唯一性的资源标识,又称句柄。传统图书馆经常把索取号作为唯一性标识,每件馆藏都拥有一个这样的标识;句柄的作用与索取号的作用类似,但更为灵活和复杂,这是由于同传统馆藏相比,数字馆藏具有更大的随意性和复杂性。

2.1.3 美国记忆的质量标准

2.1.3.1 质量标准

质量标准建立在对美国记忆目标清晰认识的基础之上,权衡使用和保存这一对矛盾的结果将最终决定数字图书馆建设过程中的质量标准。质量标准的适用范围不仅包括数字化过程,还包括编目和置标过程。侧重于使用的数字图书馆,需要考虑存取是否方便(例如图像文件大小多少为合适),用户可能的用途(例如仅在屏幕上浏览还是希望打印出来)。此外还必须要考虑数字馆藏的数量、费用以及当时的技术水平,例如是否存在广泛使用的国际标准、国内标准或工业标准,或者选择什么样的文件格式才适合长期保存。

表 2-1 美国记忆项目数字资源对象质量标准

<table>
<tr><td rowspan="3">图片类资料</td><td>归档用或主要图像</td><td>色深:灰度 8 位/像素;彩色 24 位/像素
格式:TIFF
压缩:不压缩
空间解析度:中 500 ×40 000 至 1200 × 1000,高 3000 × 2000 至 5000 × 4000。最高清晰度用于归档。</td></tr>
<tr><td>服务用或参考用图像</td><td>色深:灰度 8 位/像素;彩色 24 位/像素
格式:JFIF
压缩:JPEG(灰度 10:1,彩色 20:1)
空间解析度:中 500 ×400 至 1000 ×700,高 1000 ×700 至 4000 ×3000。</td></tr>
<tr><td>预览用或小样图像</td><td>色深:8 位/像素
格式:GIF
压缩:GIF
空间解析度:中 150 ×100 至 200 ×200</td></tr>
</table>

续表

<table>
<tr><td rowspan="6">文字类资料</td><td>归档用留像</td><td>色深:1 位/像素
格式:TIFF
压缩:ITU Group IV
空间解析度:300 点/英寸</td></tr>
<tr><td>归档用留像</td><td>色深:灰度 8 位/像素;彩色 24 位/像素
格式:TIFF
压缩:不压缩
空间解析度:300 点/英寸</td></tr>
<tr><td></td><td>色深:灰度 8 位/像素;彩色 24 位/像素
格式:JFIF
压缩:JPEG(5:1)
空间解析度:300 点/英寸</td></tr>
<tr><td>内嵌图像:
用于浏览器</td><td>色深:灰度 4 位/像素;彩色 8 位/像素
格式:GIF
压缩:GIF
空间解析度:水平方向 400—500 像素</td></tr>
<tr><td>打印服务用图像</td><td>色深:1 位/像素
格式:TIFF
压缩:ITU Group IV
空间解析度:300 点/英寸</td></tr>
<tr><td>小样图像</td><td>色深:4 位/像素
格式:GIF
压缩:GIF
空间解析度:水平方向 250 像素</td></tr>
<tr><td rowspan="2">地图</td><td>归档用图像</td><td>色深:彩色 24 位/像素
格式:TIFF
压缩:不压缩
空间解析度:300 点/英寸</td></tr>
<tr><td>服务用图像</td><td>色深:彩色 24 位/像素
格式:MrSID
压缩:MrSID 小波压缩
空间解析度:300 点/英寸</td></tr>
</table>

续表

<table>
<tr><td rowspan="2">音频</td><td>可下载</td><td>22.05 千赫采样率,16 位字,单声道
格式:WAVE</td></tr>
<tr><td>流式</td><td>格式:RealAudio</td></tr>
<tr><td rowspan="2">活动影像</td><td>中分辨率</td><td>图像尺寸:320×240
帧速:30 帧/秒
数据率:1.2 兆字节/秒
压缩:MPEG-1
格式:MPEG</td></tr>
<tr><td>低分辨率</td><td>图像尺寸:160×120
色深:24 位/像素
数据率:0.1 兆字节/秒
格式:QuickTime</td></tr>
</table>

康奈尔大学与施乐公司合作进行的康奈尔—施乐计划(Cornell Xerox Project,CXP),以产生足以乱真的古籍替代品为目的。因此 CXP 要求尽可能好的复制效果,美国记忆则不同。尽管如此,美国记忆的质量要求仍是相当高的,其中图像和活动影像格式要求见表 2-1。

要达到这些要求并不是一件轻而易举的事情。例如,几乎所有的参加单位为了达到 99.95% 的字符正确率,都选择了重新录入文本而不是采用光学字符识别(OCR)技术,原因是在扫描文字类资料时,很少将原始文献拆装,在这种情况下,OCR 技术不太可能取得较好的效果。此外,考虑到时间和费用,美国记忆只有极少数专集采用了完整编目,置标时可以使用较为简单的"美国记忆文献类型定义"。

2.1.3.2 质量管理

美国记忆的质量管理主要分为文本和图像的质量监控两个部分。除了一系列对质量要求做出明确规定的指导文件之外,还有较完整的质量管理文件。

文本质量监控由中心接收单位和项目组人员完成,主要分为 3 个部分:①管理部分。主要检查介质是否可用、文件名是否正确、附属文件(例如.ent 文件)是否齐备。②语法部分。主要检查各种文件的语法是否合乎要求,例如是否遵从美国记忆文献类型定义(DTD)的要求。③准确部分。主要检查是否存在各种拼写错误。每项检查都有具体的合格标准及不合格措施,例如对于"所需文件是否齐备"要求度 100%,达不到要求就返工。图像质量监控则更复杂一些:①要求为 99.9% 的项目,包括压缩级别和图像尺寸、图像质量(清晰度)、图像缺失或重复等。②要求为 100% 的项目,包括文件头标和标签的内容、文件格式、压缩算法及解析度。

2.1.4 结论

美国记忆在选题方面(这决定了数字化的规模)和在目标确定方面(这决定了数字化的质量)的方法,都值得国家图书馆在数字资源管理上学习和思考。除了研究有关的技术内容之外，怎样规划和管理一个长期的数字图书馆项目也是一个很有意思的课题。我们看到，由于是数字图书馆先驱项目，尽管出现了一些问题，总的说来，美国记忆的发展是较为连续和稳定的。要做到这一点，没有一个很好的规划和决策机制是不行的。

作为世界数字图书馆的先驱项目，美国记忆在没有先例的情况下制订了相关标准规范，并得到了实践检验，值得中国国家图书馆数字资源对象管理规范项目参考。

虽然美国记忆项目时间距今已有近16年，计算机软硬件系统、文件格式、存储系统都有了比较大的变化，但是该项目的策划、组织、管理方法仍旧值得我们学习和参考，对于成熟的标准规范应该为我所用。

2.2 华盛顿研究图书馆联盟数字化生产中心

华盛顿研究图书馆协会(Washington Research Library Consortium，WRLC)是一个区域图书馆联盟，由8个在华盛顿特区和弗吉尼亚地区的高校图书馆组成：美国大学、美国天主教大学、加劳德特大学、乔治梅森大学、乔治·华盛顿大学、乔治敦大学、玛丽芒特大学和大学区的哥伦比亚大学。WRLC在美国是一个成功的图书馆联盟模式，它在一个集中的地点，用一套独立的服务设施提供项目与服务。

WRLC向其成员图书馆提供信息技术服务，包括一个称为ALADIN(Access to Library and Database Information Network)的(获取图书馆和数据库信息网)共享信息系统，图书馆的资源共享系统为使用者提供基于在线目录的浏览服务，网上资源的联盟许可证，共享的异地储存设施，用以提供高密度、可控制环境的书籍、视听或缩微媒体和档案盒存储地。

WRLC成员图书馆通过其特殊的收藏品和档案提供一系列基础研究材料。数字图书馆技术正日益应用于学术研究图书馆，将特殊的收藏和档案转换成数字格式的需求也越来越旺盛。2002年，WRLC扩大了其服务，通过联邦研究所的博物馆和图书馆服务(Institute of Museum and Library Services，IMLS)提供的资金，建立了一个数字藏品生产中心(Digital Collections Production Center，DCPC)，以促进数字资源在其成员图书馆的应用。

2.2.1 数字藏品生产中心

这一项目的目标是建立一个共享的设施，以保障项目管理、信息技术和数字转换的经验用于生产环境。项目主要任务包括雇用工作人员，挑选和购买设备和软件的数字转换，选择系统，以管理和提供数字对象，扫描材料选自4类抽样馆藏，设计和创造都柏林核心元数据来描述数字对象，用编码档案描述(Encoded Archival Description，EAD)格式予以补充。最终项目成果是一个技术和组织相互协作的数字馆藏的基础设施，包括一套工具，协助创造数字馆藏，文献描述的过程和程序，指导各成员图书馆发展数字馆藏的标准规范，一些实验性数字馆藏，以及检索辅助数据库。这一项目的成功证明了进行数字转换的服务价值，并促进了DCPC融入WRLC的核心服务和业务。自2003年以来，DCPC经费来源与WRLC的会员费。

在4年的运作中，DCPC制定了健全的组织结构建设和共享数字馆藏的联盟。WRLC成员图书馆各种各样的独特的数字资源收藏品得以被学生、研究人员和一般公众所使用。DCPC所制定的该程序、技术准则和工作流程已被证明是有效和灵活的，DCPC 所提供的服务已被证明是有价值的。在国际数字图书馆界，WRLC 的数字收藏和数字图书馆系统都成为引人注目的焦点。

2.2.2　数字化项目的计划和管理

DCPC 为图书馆选择适当的馆藏进行数字化提供建议和技术咨询。在规划过程中，DCPC 工作人员审查材料，选定一个图书馆和相关信息的馆藏，确定索引需求、显示和导航方式，并基于资料的特性和馆藏结构设计元数据。制定一系列规划文件，包括项目协议、权利和许可声明、资料特性和扫描规格、元数据 schema、模板和样本数据的记录。

该项目协议包括有关馆藏所属图书馆和联络人的信息，对实物馆藏的一般描述信息，馆藏数字化的需求描述，原始材料的运送和接收计划，特殊处理的要求（如果需要的话），以及转换的时间表。

WRLC 需要馆藏所属图书馆申明它有权利对资料进行数字化。相关图书馆负责取得著作权人的许可。权限许可文件必须随着材料提供至 WRLC。

此外，规划过程中涉及对某一具体项目的时间和工作人员安排，有多个项目时，还要 WRLC 信息技术服务工作人员讨论必要的支持安装系统、存储和编程工作。

DCPC 工作人员还与项目相关图书馆人员一起工作，也可将数字转换工作外包给服务机构，因为这些材料都适合批处理或因为他们需要专门的设备（如缩微胶卷，录音或视频，或非常大量的印刷品）。在这种情况下，DCPC 提供了项目管理，设计和描述元数据服务，并能将所产生的文件装入到 ALADIN 数字图书馆。

为了管理数字化项目的效率和正确，DCPC 制定了一些程序，包括处理和存储原始材料的准则，接收和安全返还原始材料的准则。数字化和建立元数据记录工作流程的每个步骤的细节都要记录和定期检查，以确保效率和质量。DCPC 还提供了工具和说明用于成员图书馆数字化和建立元数据时使用。

在处理每一个数字化项目时，其中仅有少数项目有数字化相关的元数据可用，DCPC 的工作人员设计和创建预览网站以供图书馆工作人员审查和给予反馈。这有助于 DCPC 人员调整扫描和图像转换的技术，提高元数据质量。这也避免后一阶段的项目出现更多的错误。当一个项目完成后，DCPC 工作人员发出了一个简要的项目的概要给图书馆，包括统计的扫描图像和数据记录，项目各阶段的开始和完成日期，并特别说明。这个概要有助于图书馆总结确定未来的数字化项目战略和制定更有效的计划。

2.2.3　设计生成元数据

“元数据是关于数据的数据。这个术语是指任何用于帮助识别，描述和定位的网络电子资源的数据”。元数据支持浏览、索引及数字对象之间的关系。DCPC 基于原始资料的物理结构和特征及所需的用户界面设计元数据。元数据设计过程需要三个步骤：

首先，对原始资料进行仔细分析。这些资料可能有不同的物理结构，有些是单页的物体，如照片、幻灯片、艺术图片等。有些是多页的物体，如手稿、杂志和书籍。一些物体的层次结构，如含有多个章节、章节又包含文章的图书。一些资料既有横向又有纵向结构，如一个系列杂志中可能在多本中连载一个故事。一些对象有关的其他对象，如一张照片显示一名记者采访一位音乐家，一个采访的音频文件。音频对象有其自己的元数据描述了采访，所以元数据要和每个对象进行关联。理解资料的物理结构和特点提供了一个设计元数据的基础。

第二，概述用户界面的功能和导航需求。通常情况下，显示图像的网页将包含元数据和缩略图。当缩略图被点击时，显示一个更大的图像。对于多页的物体，图像显示需要包括到下页和前页的链接，并跳转到任何页面的链接。具有层次和结构关系的对象需要额外的导航，例如，对于一套漫画书全集，用户可能希望看到每一个故事的标题，显示某一期的整个目录，或查从头到尾看某一期所有图片，用户也可以一期一期查看某一单一故事连载。所有这些功能概述要在设计元数据之前开始。

最后，为了便于功能实现的元数据设计要求。有三种类型的数据：描述元数据，确定信息资源的发现并支持搜索和浏览功能。管理元数据，支持短期、中期和长期管理处理的数字对象。结构元数据，用于导航和展示数字资源，揭示组成部分之间的关系，如序列的图像。“元数据 Schema 是集数据元素设计为特定目的，如描述某一特定类型的信息资源”。许多不同的元数据 Schmea 存在，DC（Dublin Core）、TEI（Text Encoding Initiative）、METS（Metadata Encoding and Transmission Standard）、MODS（Metadata Object Description Schema）、EAD（Encoded Archival Description）。

DCPC 选用 DC 标准 Schema 用于描述元数据，并根据 DCMI（Dublin Core Metadata Initiative）进行限定词扩展，同时对原有元数据格式（如 MARC、Excel）与 DC 进行映射。DCPC 管理元数据主要用于保存扫描地点、时间、分辨率、色彩深度、压缩率、尺寸，并在数据发布时进行显示。DCPC 设计结构元数据是最具挑战的，很多数字对象的导航都依赖与结构元数据，例如对多页对象的分页、翻页，相关连载故事的跳页等。DCPC 选用了 MPEG - 21 DDL（Digital Item Declaration Language）对数字对象内部结构进行揭示。

2.2.4　资料数字化

将扫描材料转换为数字格式是 DCPC 核心服务。目前，DCPC 配备有两个平板扫描器，可以扫描材料最大为 12 英寸 × 17 英寸。迄今为止，DCPC 主要是从事数字化感光材料、档案文件、幻灯片、印刷在纸面上的文字。DCPC 不数字化地图、大多数合订本，以及音频和视频文件。

要为每个项目确定扫描规格，DCPC 的工作人员总是认真评估数字成像技术和现有的最佳做法。非压缩的 TIFF 格式被选定为主要的文件格式，因为 TIFF 格式是首选的归档图片格式，该格式是领先的商业和专业标准，在苹果机、Windows 操作系统、Linux 操作系统有最普遍和最广泛的格式支持。

以下的一般原则是西方国家数字成像的最佳做法（Western States Digital Imaging Best Practices）所建议的，DCPC 针对来源材料适当的性质扫描最高分辨率，选择适当的扫描质量，以避免未来重新扫描并重新处理正本，并生成存储主图像文件，未来根据用户需求可以用来生产衍生图像文件。

经过实物扫描，DCPC 的管理数据，如扫描仪、分辨率、色彩深度和位置，以及藏品的名称和关键字，添加和嵌入 TIFF 文件。所有权声明添加到每幅图像底部。所有这些步骤都通过 Photoshop 软件批处理完成。

派生文件转换根据主档案材料的类型和用户的需求生成。一般来说，图像如照片、手写材料、图纸以及幻灯片，选用 JPEG 格式。对于文字材料，如印刷文件、文章杂志、打印通讯，尽可能选用可搜索的 PDF 格式。

DCPC 也转换少量的手写信件为可阅读和检索 HTML 格式。

2.2.5 数字藏品生产中心管理

DCPC 配备了两个半人，其中包括一名经理，一个数字助理，以及一个部分时间的元数据索引员。经理负责 DCPC 总体业务，包括规划和管理数字化项目，与图书馆工作人员和 WRLC 的 IT 服务工作人员沟通，并选择 DCPC 硬件和软件。经理还负责设计元数据，创建和转换 EAD 设计辅助工具，并设计用户界面。数字化助理主要负责扫描转换材料和掌握图像文件的不同派生文件，还生成原始元数据记录。元数据索引员是一个 WRLC 资深馆员，她一半时间在 DCPC 工作，创建元数据记录，并在 ALADIN 系统建立记录传送到国家书目数据库。

文档是 DCPC 管理一个非常重要部分。DCPC 对数字化的主要技术作出归档，其中包括文件命名约定、元数据设计、用户界面功能要求、元数据映射、数据输入指南以及问题答疑等。DCPC 对所有项目都保存良好文档，包括项目协议、著作权情况、原始资料和物理对象信息、扫描统计资料和元数据记录等。这些文档将帮助未来数字化管理作出决定。

生产统计对于管理也非常重要。DCPC 保存每日、每月和每年的生产统计，并根据项目和机构分类。这些统计数字帮助管理决策、项目规划、调度、存储管理、质量控制管理和生产。

2.2.6 DCPC 馆藏

自 2002 年以来，DCPC 已经数字化并建立了 20 类馆藏，包括手稿、照片、彩色幻灯片、杂志、漫画书、简报和打字文件。大约扫描了50 000幅图像，大约10 000个 PDF 文件，创建了16 000条元数据记录。

所有的数字馆藏通过 Greenstone 数字图书馆软件展现，这是一个集建设和出版的数字资源的软件。Greenstone 是由怀卡托大学的新西兰数字图书馆工程开发，并由教科文组织合作和人类信息非政府组织分发。Greenstone 提供了一个来组织信息和发布在网站上的方法，形成可以充分检索元数据的数字图书馆。

2.2.7 结论

将图书馆中的特藏和档案数字化并建立数字馆藏是劳动密集和花费昂贵的工作。大多数图书馆没有或不能提供数字化项目所需的技术、管理经验、额外工作时间。迄今为止，许多数字化项目已通过外部资金。一旦外部财政援助终止的情况下，图书馆会发现自己面临着一系列的项目问题，例如，维护和未来的数据迁移。WRLC 的经验为我们提供了一个集中数字化加工的解决方案，打破资金和技术障碍，集中经费资源。

WRLC 项目处理的主要为文本类和图像类资源，这些资源的处理方法对于中国国家图书馆数字资源对象管理规范项目有一定参考价值。虽然WRLC主要针对平面资料进行数字化，但是其项目团队组成比较特殊，借鉴了公司对于项目管理的经验，所以WRLC标准规范和流程管理上都有可借鉴之处。

2.3 保存和获取澳大利亚网络文献资源项目

PANDORA(Preserving and Accessing Networked Documentary Resources of Australia)是英文"保存和获取澳大利亚网络文献资源"的缩写，是澳大利亚的Web资源档案，以收集、保存与澳大利亚相关的网站和联机出版物为目标，旨在通过这种保存为未来的用户提供对这些资源的存取和利用。PANDORA始建于1996年，由澳大利亚国家图书馆发起建设，截止到2006年1月共收集了相关网站和联机出版物10 810个，包括澳大利亚非常有代表性的学术、政府、商业和组织机构网站。例如，奥运会的官方网站(在现实网络中已经不存在了)。目前，PANDORA的合作建设者已经扩大到了澳大利亚各州/地区的图书馆和文化收藏机构。

2.3.1 发展历史

早在1995年，澳大利亚国家图书馆就发现：只以联机格式出版的与澳大利亚相关的信息的数量日益增多，这正成为一个需要引起关注的问题。1996年1月，澳大利亚联机出版物选择委员会成立，负责制定该类资料的选择指南。同年4月，澳大利亚电子部(2003年更名为数字存档部)成立，开始按照上述标准选择联机出版物，同时负责与出版者协商获得存档其出版物的权利，并将这些出版物编目存储到国家书目数据库。

资料存档工作在两个层面上同时展开：一方面，制定政策、构建理论模型；另一方面，使用免费软件进行web存档、存储和存取的实践。1996年10月，下载了最初的两个titles(在PANDORA中，一个title指按照资源选择指南筛选出来进行独立存储的一项，如一个网站、一种联机出版物)。到1997年6月，存档量达到31个titles。

1996—1997年期间，在理论层面上进行了许多努力，主要考虑两个问题：想做什么？如何去做？最终形成了两个关键的文档：商业处理模型(Business Process Model，对PANDORA资源的选择、文档的管理、对用户的服务等方面进行了详细的规范和说明)和逻辑数据模型(Logical Data Model)。到1998，相关的政策、程序和基础设施已经有了足够的发展，可以邀请各州的图书馆作为合作者共同建设。同年8月，Victoria图书馆作为第一个成员开始参加PANDORA的建设。到2004年3月所有大陆的州立图书馆、北部地区图书馆、国家电影与声音档案馆、澳大利亚战争纪念馆、澳大利亚土著和托雷斯海峡岛上居民研究所成为其合作者，共计10个。

PANDORA现已成为国家图书馆资源采购和馆藏管理过程中的一项常规工作，是国家图书馆数字馆藏管理整体框架的一部分。它由图书馆馆藏管理部门的数字档案部(Electronic Unit)负责管理、选择、存档、编目titles，并向其他参与者提供支持。同时也负责专著和连续出版物采编的部门参与管理。目前，由来自各合作单位的约11个全职工作人员，负责完成存档的基本工作；另有2.25个(工作量)全职工作人员从事管理工作。

2.3.2 目标

根据已经制定的资源选择指南，识别和选择。

• 澳大利亚重要的联机出版物并对之进行编目；

• 与出版这些出版物的出版商协调工作捕获其出版物的副本并保存到国家图书馆的电子档案中以供长期保存；

• 在遵从公平交易规则的前提下，使用户可以利用信息；

• 在充分考虑出版者的商业利益的前提下向远程用户提供对资源的访问；

• 长期保存联机电子出版物的原貌；

• 在保持以往版本的基础上更新文档中的信息；

• 随着版本的变化将出版物转换成新的格式。

在实现上述基本目标的同时，PANDORA 还希望实现如下目标：

• 致力于就扩大版权和法定呈缴制度以包括联机出版物进行磋商：

• 建立澳大利亚联机出版物的永久命名系统以克服失效链接问题；

• 实现用基于都柏林核心元数据集的系统描述存档文件使信息的联机检索更有效；

• 与其他图书馆合作建立澳大利亚国家数字文档。

2.3.3 资源建设

2.3.3.1 资源选择策略

PANDORA 采用选择性收录原则存档的内容均经过慎重选择。采用这一原则的好处在于：对文档中的每一项都能够进行质量控制；对每一项(一个 title)可以根据其出版周期或网站的变化频率实施个性化的收割计划，以保证尽可能全面地收集其内容；可以对每一项进行充分地编目并存入国家书目数据库，根据与出版者的协商，文档中的每一项都可以立即可用；可以对文档中的个别资源或某类资源进行分析以确定其重要性，有利于为长期保存制定合适的策略；可以识别无法被收割机器人访问的网站，以通过其他方式存档这些网站。

PANDORA 以澳大利亚联机出版物和网站为收录对象但并不试图保存澳大利亚所有联机出版物和网站，而只保存那些重要的且具有长期保存价值的部分。这里的联机出版物是指普通公众或特定群体的公众可用的信息，不考虑其格式、传递方式、是否付费。国家图书馆在选择指南中规定的一些出版物类型(但不限于这些)包括：期刊、报纸、快报和其他连续出版物、会议录、有价值的报告、论文和演讲、年度报告、地图、有价值的文学作品、公众可存取的信息数据库、曾以印本形式出版的文档、任何符合 ISSN(International Standard Serial Number)、ISBN(International Standard Book Number)的文档。上述资源的每一个新的版本(但不包括微小的变化)网站或网站的一部分需提供某个主题、组织、国家重要人物、项目或事件的实质性或唯一的信息。

PANDORA 的每一个合作者都有自己的资源选择指南，定义其收录范围。参与建设的每个图书馆都有其侧重点和收录范围各司其职，各个图书馆的资源选择指南对具体遴选条件的规定有一定差异但总体上具有相似性。国家图书馆旨在存档具有国家重要性的资源，而各个州的图书馆旨在存档在州或地区层面上具有重要性的资源。国家音像档案馆(National Film and

Sound Archive)负责存档与音乐和电影相关的资源；而澳大利亚战争纪念馆（Australian War Memorial）负责存档与澳大利亚军事历史相关的资源；澳大利亚土著及托雷斯海峡岛民研究所（Australian Institute of Aboriginaland and Torres Strait Islander Studies）存档本土人的出版物和网站。

(1)载体格式

一般情况下，PANDORA只收录纯电子版的资源。对于有对应印本形式的电子资源除非电子版中包含有印刷版中不包括的重要信息或价值，或者是被索引或文摘商引用的资源，否则不在考虑范围之内。因为相比之下，印本资源更容易长期保存。

当资源的联机版本、CD-ROM或者软盘版本同时存在时，优先考虑存档联机版本。除非二者在内容上有重大差别。如果由于技术原因而无法下载联机版或者无法使用其中比较有用的功能时，考虑寻找其物理格式的版本取代或补充联机版。

国家图书馆认为与印本资源相比，联机资源的选择性程度更高，因为其潜在的处理量要远远大于印本资源；不仅如此，联机出版物缺乏类似于印本资源的质量控制机制（由编者和出版者所提供的部分）。所以，其选择标准比印本资源具有更大的变化性。

(2)内容类型

在国家图书馆的资源选择指南中，规定了PANDORA的存档重点包括如下几类资源：国家和ACT政府出版物、第三级教育机构的出版物、会议录、电子期刊、索引和文摘商引用的资源（主要来自头三类）、主题网站，包括两类：特定主题领域的网站记录当前社会或政治方面关键问题的网站，如选举网站、悉尼奥运会。当然并不限于这些内容。其他高标准的、具有长期研究价值的网站，无论其主题、格式、出版物类型如何，都在收集的范围之内。

除特殊情况外，下列资源基本不在考虑的范围之内包括：Cams（利用web照相机上载数字图片的网站）、数据集、讨论列表、聊天室、bulletin boards和新闻组、草案和正在完成中的作品、游戏、个人论文、新闻网站、有印本的联机日报、组织记录、以组织互联网资源为唯一目标的门户和其他网站、编译其他信息源的信息而没有原生信息的网站、学位论文、在机构内部网上传播利用的资源。

(3)文档格式

国家图书馆的资源选择指南中并不限制资源的文档格式PANDORA中包括多媒体格式（如视频剪辑）和动态格式（如OnSecure是一个动态生成的数据集在Archive中它是静态存储的）以及诸如文档之类的文本格式。PANDORA目前还不保存插件和其他软件，因为它们超出了国家图书馆的资源收藏范围。

尽管对文档格式没有限制，但是在实践中可能由于技术原因而无法存档特定类型的资源，例如在当前条件下无法对数据库结构的出版物存档。

(4)收录深度

依网站不同而不同，通常情况下收录整个网站。如果网站的规模十分庞大，如一个政府部门的网站，可能只选择网站中包含某些特定信息（如某个特别的项目或计划）的部分。有时只从一个大型网站中选择一些出版物，如电子期刊、快报或科技报告。

迄今为止，PANDAS 系统还不能处理动态网站（如数据库和其他深层网站）。但数据库或其他交互/动态网页因需要在搜索框中输入条目或从下拉框中选择选项，因此不能被收割机器人处理。

(5)资源位置

PANDORA 对于原始资源的位置没有限制，可以存储在澳大利亚或海外的服务器上，保存的资源集中存储在国家图书馆的服务器上。

(6)更新频率

根据网站和出版物的特点而各不相同，尤其考虑其出版计划、内容的价值、稳定性和生存周期。例如：专著只需要收割一次，对于某些特定的事件如悉尼奥运会，网站每天存档。总之是根据案例个别确定。当前 PANDAS 每天最多只能收割一次。

(7)外部链接

不存档外部链接，只存档属于本网站的链接而不存档导航到其他网站的链接。主要原因在于，可能还没有从其他网站获得存档其资源的许可。

(8)长期保存

对于国家图书馆和研究性图书馆来说，馆藏建设应满足未来几十年或几个世纪的学者的需求。存档澳大利亚联机出版物仅仅是确保对其实现长期保存的第一步。计算机技术迅速发展，20 年后所使用的接口、技术标准和文档结构将与今天的大相径庭，这对于保持联机出版物的长期可用来说是一个巨大的挑战。国家图书馆已经制定了数字资源的长期保存政策，开始了对其数字馆藏的风险评估重点即 PANDORA 内容，并独自或与其他组织合作继续积极开展相关研究。目前，已出版了数字馆藏长期保存元数据草案，希望对长期保存元数据进行定义。

2.3.3.2　数据积累

2008 年 8 月 26 日的统计数字显示 PANDORA 的存档量 titles 累计达19 800个，文件累计达56 047 917个，存储量已达 2.43TB。

表 2－2　PANDORA 存档统计表

	This month 本月	Last month 上月	Growth this month 本月增长
Number of archived titles 存档题名数量(个)	19 800	19 617	183
Number of archived instances 存档对象数量(个)	39 585	38 940	645
Number of files 文件数量(个)	56 047 917	54 665 700	1 382 217
Data size 数据量	2.34 TB	2.28 TB	61 GB

其中 title 指存档的一项资源如一个网站、一个联机出版物；instance 是指一个已经在文档

中存在的 title 的一个单一的快照或副本。许多 titles 在文档中有多个副本以捕获其变化的内容,如连续出版物新的一期出版时,一个 title 的一个新的拷贝被看做是一个"archived instance"。注意:PANDORA 中的文档由三个主副本组成(长期保存副本、显示副本和元数据副本),它们存储在国家图书馆数字对象存储系统(DOSS,Digital Object Storage System)中。此外,还有一个为显示目的而保存在 web 服务器上的副本。上述数据就是根据对这个副本的统计获得的。

2.3.4　结论

PANDORA 是澳大利亚图书馆完成其保存、传递知识这一责任的充分体现,尽管目前它所收集的资源数量有限,占互联网资源总量的比例也不高,但这一尝试为其他国家完成这项工作提供了有益的借鉴。由于网上资源稳定性差,大量资源的生存周期较短,一旦删除就不会留下痕迹难以恢复。因此对其的存档和长期保存就更加重要和紧迫。国家图书馆未来也必将处理、管理、保存大量网络数字对象。如何实现对这类资源的长期保存和利用,PANDORA 给我们提供了很好的例证。PANDORA 作为澳大利亚国家图书馆项目,它的建设思想和理念、在实施过程中的经验和教训、所建立的模型、开发的系统,都可以为中国国家图书馆数字资源对象管理规范项目所参考和借鉴。

2.4　民国图书缩微卷片转换数字资源项目

民国时期图书调查和抢救工作由全国图书馆文献缩微复制中心(以下简称"缩微中心")牵头,23 家公共图书馆参加。2005 年 3 月,缩微中心开始民国图书缩微卷片转换数字资源工作,数字转换对象是缩微中心生产的国家图书馆馆藏民国时期出版的普通图书的卷式缩微胶片,至 2006 年 9 月,完成 160 万拍单画幅缩微影像的数字化转换。2007 年,缩微中心将数字化民国图书,民国期刊缩微卷片,计划完成 70 万拍单画幅缩微影像。

2.4.1　缩微品数字化流程

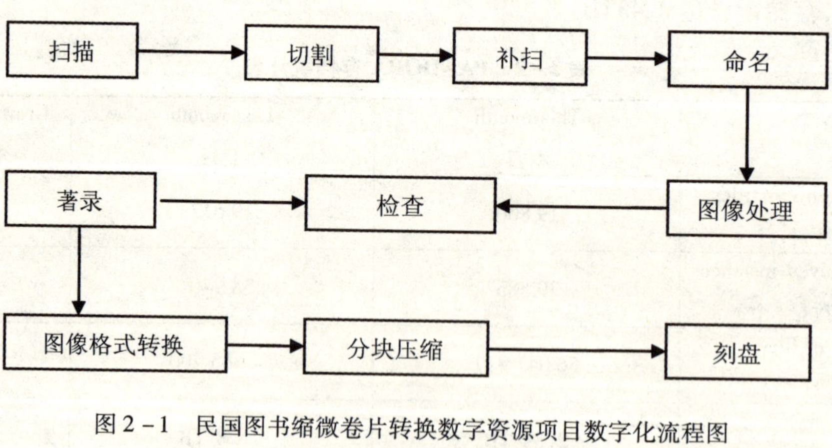

图 2－1　民国图书缩微卷片转换数字资源项目数字化流程图

①扫描。用卷片扫描仪 RS100 及附带软件,以 TIF 黑白影像格式扫描缩微卷片中的缩微

影像,在电脑中生成相应的数字图像。

②切割。用专用软件将扫描后的双画幅数字图像分割为单画幅数字图像。

③补扫。对扫描错误的图像和图片图像进行补扫,补扫图片需改用灰度格式,其余仍为黑白格式。

④命名。每部民国图书的数字图像以单独文件夹区分保存,数字图像文件按特定要求加以命名,以区分封面、序文、目录、正文、版权页、封底和图像。

⑤图像处理。用专业软件对民国图书的数字图像进行剪边、纠斜和去噪,使文字更加清晰。

⑥检查。对所有民国图书数字文件的命名、后期加工进行逐画幅通检,改正错误。

⑦著录。双录自动比对。录入软件对两名不同著录员(著录员1和著录员2)的著录数据进行自动校验和统计,当两者不一致时软件报警,并将两者间的差异标识出来(显红),不通过且等待校改。质检人员将软件提示的差异同原缩微影像进行比对,将数据修改一致后完成著录。

⑧图像格式转换。使用图像格式转换软件将著录完成的TIF文件,批量地转换为PDF格式文件。

⑨分块压缩。将图文混排的图像进行分块压缩。

⑩刻盘保存。

2.4.2 缩微品数字化图像扫描、保存及利用格式参数

表2-3 民国图书缩微卷片转换数字资源项目缩微品数字化图像格式参数

扫描内容	扫描方式	扫描分辨率	数字图像成品储藏格式	
			存档格式	发布格式
黑白页	黑白二值扫描	300dpi	TIFG4压缩格式,后缀为tif	300dpi分辨率,TIF G4黑白二值格式压缩,最终生成PDF格式
灰度图片	8位灰度扫描	300dpi	不压缩TIF格式,后缀为tif	300dpi分辨率,压缩因子为CF=150的J2K压缩,最终生成PDF格式
灰度图文混合	8位灰度扫描	300dpi	不压缩TIF格式,后缀为tif	使用分块压缩,黑白部分300dpi分辨率,TIF G4黑白二值压缩,图像位数1位; 灰度部分300dpi分辨率,使用压缩因子为CF=150的J2K压缩。图像位数8位;最终生成PDF格式

2.4.3 缩微品数字化加工要求

①经扫描完成的数字图像(按 1:1 比例显示)应保持原文献的尺寸。

②纯黑白文字页按黑白二值扫描,图文混排和图片按灰度扫描。

③扫描生成的数字图像应进行单画幅分割处理。

④分幅拍摄的大图,其扫描图像的 TIF 格式以分图方式保存,发布格式以拼接还原成一幅图(小于 500K)后保存,并在该图像存储位置的 readme. txt 文件中说明。

⑤不扫描转换没有正文页号的空白页,占正文页号的空白页按原样扫描。

⑥一种书有 n 本分册,只有一个总目录,n 本分册按一本书处理。

⑦最终用于发布利用的图像文献的 PDF 格式,其 PDF 版本为 Acrobat 6.0。

⑧缩微胶片片头、片尾的摄制机构标板、著录标版、技术标版和说明事项标板不进行数字扫描,片中页码错误、缺页、重复画幅、卷册分隔等提示说明事项标板按原样扫描。

2.4.4 图像扫描质量要求

①图像扫描文件夹和文件名命名正确。

②图像清晰,亮度适中,以保证图像的内容尽量清晰为原则(缩微品密度造成的亮度不适,可算合格)。

③扫描后的数字图像必须进行去污、纠偏、去黑边、单画幅分割处理。去污要将所有版芯之外的污迹清除干净;纠偏要保证数字图像的偏斜不超过 1 度。

④扫描后的图像要求真实反映原件。在原件正确的前提下,数字图像要页码连续,不能出现缺页、错页、数据内容缺失等现象;不扫描转换没有正文页号的空白页,占正文页号的空白页按原样扫描。

⑤图像扫描错误率不超过 1‰。

2.4.5 结论

全国图书馆文献缩微复制中心作为国家图书馆下属单位,遵循国家图书馆相关标准规范进行了大量图像类资源的采集加工、保存工作,对于缩微卷片的数字化、检验等工作积累了大量经验,特别适合类似资源管理项目鉴戒使用。

2.5 中央电视台广播电视音像资料馆

中国广播电视音像资料馆是由国家广播电影电视总局和中央电视台共同建设的国家级音像资料馆,它的建设既承担着抢救音像资料的历史责任,又肩负着改善音像资料存储环境,提高音像资料管理水平,高质量、高效率提供现代化信息服务的重托,因此有着重要而深远的意义。系统包括 AV 处理视听审看、上下载转码、编目检索、存储管理、远程发布及网络通讯 6 个子系统,涵盖传统 AV 处理、计算机网络、SAN 网络、多媒体处理等多种先进的信息技术。

2004 年 5 月,资料馆一期系统全面运行。目前,一期系统具备 20 万盘原始录像磁带存储能力,在线数据存储量 45TB,近线数据存储量 400TB。10 个人工上载工作站和 1 套自动化机械手上载系统,每日上载数据量为 130 小时,馆内设有 80 个编目工作站可完成每天上载数据的编目整理工作。大规模数据流磁带库设有 10 台磁带驱动器，可存储 5500 盘数据流磁带，数据流存储量 1000TB。系统现阶段存储容量为 10 万小时，最终设计目标存储容量为 100 万小时。

中国广播电视音像资料馆的建设目标是高效性、稳定性、开放性及可成长性，成为在行业内最先进、最具影响力和示范性的媒体资产管理系统。

2.5.1　系统介绍

建成后的中国广播电视音像资料馆，对内为中央电视台节目制作播出提供音像资料信息支持与服务，对外为广大媒体和受众提供广播电视音像资料的查询检索服务、视听服务和信息服务。同时，为音像资料的有效保存、科学管理和市场经营业务的开展提供环境基础和条件保障。

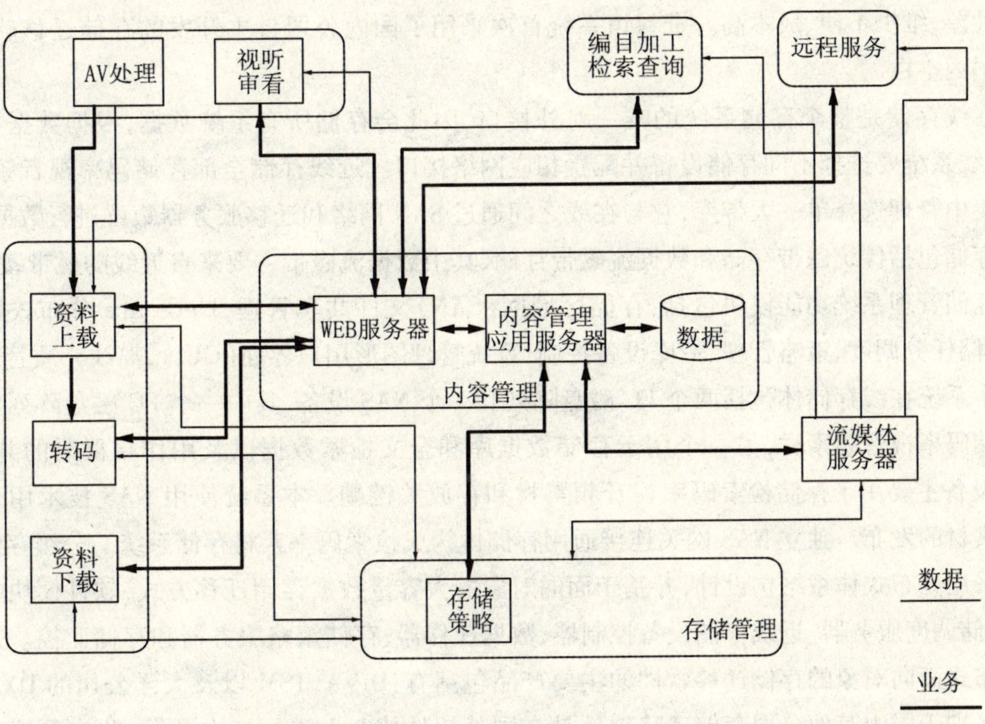

图 2－2　音像资料馆系统逻辑图

系统能够实现以下业务功能：

- 按照现代化的音像资料管理流程，科学有序地整理和存储原始音像资料。
- 对音像资料进行智能化管理，提高音像资料的管理水平、质量和效率。
- 充分体现库存音像资料的价值，直接或间接地为节目制作和播出提供信息支持和服务。
- 开展音像资料的科学研究工作，重点解决再利用问题。
- 采用现代高新技术对音像资料信息进行存储和保存。

系统一期设计存储视音频资料近 10 万小时，最终系统达到 100 万小时的存储能力，日节目数据化处理量200小时。这也是目前全球广电行业规模最大的音像资料存储系统。

系统总体业务流程依次分为预处理、采集整理、转码、编目、检索、视听审看、下载等七个主要环节。工作流程管理、用户管理、媒体数据与元数据存储管理等功能体现在各个工作环节中。由于系统规模庞大、结构复杂,为实现系统目标功能在技术实现上进行了多项创新。统一工作流管理:系统业务流程采用统一的工作流引擎管理,提高了系统工作效率便于业务流程的管理、调整修改。流媒体技术:系统低码率视音频浏览采用WMV流格式,能有效利用控制网络带宽和保护数据安全。SAN(Storage Area Network)与NAS(Network-attached Storage)的有机结合:高码率数据采用SAN技术存储传输,低码率数据采用SAN技术存储,NAS技术进行网络发布,充分发挥了FC(Fiber Channel)和以太网的各自优势,降低了系统存储成本。存储迁移软件:系统采用分级存储架构,存储迁移软件是系统的管理核心,以往多采用国外产品,造成产品适应性差、维护不便、成本高。资料馆系统首次采用了国内公司自主开发的存储迁移软件,填补了国内空白。

在线存储是整个存储系统的唯一对外接口,因此会存储所有系统数据,根据数据类型不同,在线系统要选择不同存储设备并配置相应网络接口。近线存储全部存储码率视音频数据,考虑集中管理选择单一大带库,它与在线之间通过SAN网络和迁移服务器集群进行数据交换。离线存储包括传统磁带存储和数据流磁带存储,其中数据流磁带主要来自近线的磁带备份。

存储管理系统功能模块包括:存储区域网(SAN)文件共享管理,Lan - free分布式数据迁移,存储任务调度、策略管理、带库设备控制,系统管理图形用户界面(GUI),离线介质管理等。

本系统在线存储体包括两个FC磁盘阵列和一个NAS设备,其中一个FC磁盘阵列用于保存存储码率视音频素材,另一个用于存储数据库和全文检索数据以及用作集群时的共享盘。NAS设备主要用于存储检索码率视音频素材和存放关键帧。本系统使用NAS技术用于检索码率素材的发布。独立NAS网关连接通用存储体构成检索码率素材存储系统。分级存储管理软件采用分布式体系结构设计,并基于面向对象的大容量数据存储迁移方式,软件模块主要分为:存储调度服务器、近线存储设备控制器、数据迁移器、存储策略服务器和存储监控。采用这种分布式面向对象的存储迁移软件的主要产品包括有:DIVA,TSM以及大洋公司的DYStorage等。区别于国内其他公司存储迁移软件是在国外软件核心上进行二次开发,此次系统采用的大洋存储迁移软件从底层设备控制到上层的迁移策略全部自主开发,完全可以替代国外的如DIVA、Flash net等AV存储迁移软件,填补了国内的一项空白。

由于系统需要支持负责灵活的工作流,因此系统采用成熟的工作流中间件产品,来统一管理系统的工作流。

数据库、应用服务器、工作流、全文检索服务器需要进行日常数据备份与恢复工作,采用专业备份软件采用集中备份的方式,统一对数据库等各种关键应用进行管理,备份数据统一存储在专用于备份磁带库中,在需要备份的关键点上安装相应的客户端软件实现。

数据库服务器采用LAN - free备份方式,支持冷备、热备、增量、差量等多种备份。能支持文件跨平台备份,支持各种主流操作系统平台。

2.5.2 数字化加工技术指标

中央电视台作为中国规模最大和最具影响的电视媒体，其音像资料存储、管理以及今后的发展利用是不可能仅依靠传统的设施和系统实现，需要一个全新的媒体资产管理系统来解决这些问题。中央电视台音像资料馆媒体资产管理系统集音像资料的收集、整理、存储、编目、检索、交换和服务诸功能于一体，采用国内外先进技术和设备，支持和适应广播电视技术网络化、数字化发展进程。

广播电视节目媒体资产管理系统的核心是针对视音频资料的长期保存和管理，目前各种视音频标准和编码格式非常多，常见的格式包括 MPEG2 I Frame、MPEG2 IBP、DVSD、DV25、DV50、MPEG1、MPEG4、Motion JPEG 等还包括各种低码率流媒体格式，如 REAL、WMV、MOV、Quick Time 以及多种音频格式等。转码服务器运行，后台软件可以实现多种视频格式码流转换，各种视音频格式可以互转，并可以完成自动抽取关键帧的工作。转码方式支持边上传边转码(视频服务器)、支持文件分段及合并转码。系统采用服务器集群技术构建转码中心，多台转码服务器可以分别处理多个转码任务或并行处理单一转码任务。

表 2-4　中央电视台广播电视音像资料馆数字化加工参数

		生产系统编辑格式	媒资系统查询检索格式
视频	分辨率	720×576	720×576
	幅宽比	4:3	4:3
	帧率	50fps	25fps
	量化	8bit	8bit
	取样结构	4:2:0	4:2:0
	压缩格式	Mpeg2 IBP GOP = 12 Ref = 3	WMV9(VC-1)
	文件格式	AVI	WMV
	码率	25Mb/S	800Kb/S
音频	取样频率	48Khz	48KHz
	量化	16bit	16bit
	存储格式	PCM WAV	MP3
	码率	1.6Mbps	128Kb/S
	声道格式	立体声左右声道	立体声左右声道

2.5.3 编目检索

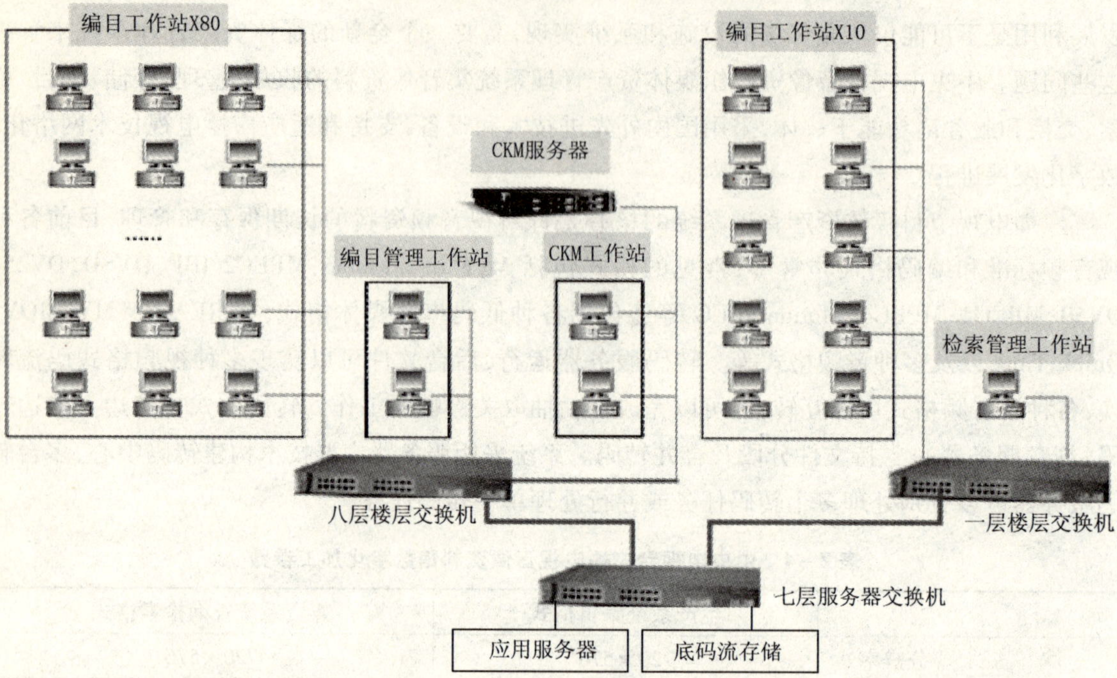

图2-3 中央电视台广播电视音像资料馆编目检索结构示意图

检索系统通过提供尽可能多的检索手段和检索方式为用户提供检索服务。检索系统提供的检索手段和检索方式包括参量检索、全文检索、分类检索、图像检索等。全文检索加入了中文智能搜索引擎,可实现包括中文按词索引、字索引的基于语义辞典等语言学知识的智能检索,另外,通过采用后控检索技术,可以实现等同词及词族、等级词及词族、相关词及词族的立体检索,大大降低检索用户的检索负担及检索成本,提高检索精度。

编目检索系统一方面用于系统数据的加工处理,另一方面则承担着系统数据的再利用。系统的编目设计要以规范的管理,完善的编目,丰富的内容,灵活的流程,简便的操作,快捷的检索为主要目标和建设重点。

元数据管理是系统内容管理平台的核心内容之一,编目检索只是元数据管理的客户化表现,编目检索在资料馆系统中处于内容管理的核心地位。资料馆编目系统元数据结构完全遵照即将公布的广电音像资料编目标准。编目系统是一个基于 DC 元数据和 XML 技术的基本框架。编目系统实现了基于都柏林核心的分层元数据著录系统,可以根据需要进行剪裁适配。编目系统被嵌入工作流控制过程,允许分项目、分级实施流水线方式的编目工作并且可以根据不同类型节目的要求,调整分项数目,实现协同工作。

按照一期目标节目处理量 200 小时/天的数据生产要求,资料馆编目系统一期配置 80 个编目站点,设有一个多节点协同工作的编目生产流水线,各个节点可以通过运行管理配置进行

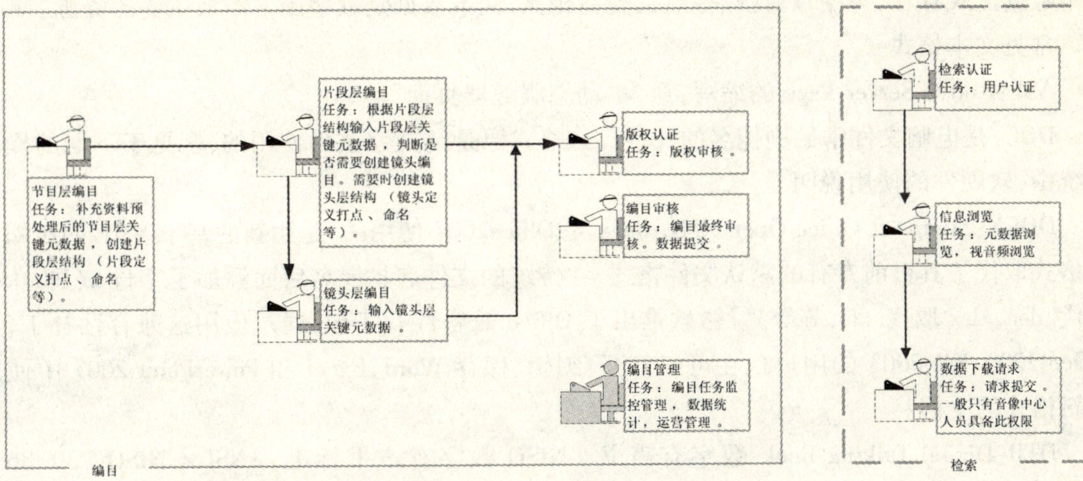

图 2-4　中央电视台广播电视音像资料馆编目检索工艺流程

调整以适应不同类型节目的编目需要。同时通过编目运行管理工作站对编目系统进行运行管理和统计分析。

编目子系统主要包括编目加工和编目运行管理两个组成部分，编目加工既可以采用 CS (Client/Server)方式也可以采用 BS(Browser/Server)方式实现编目软件。虽然 CS 实现编目软件具有较强的界面表现力以及功能较 BS 方式容易实现。但资料馆系统中编目站点的规模较大(80 个客户端，以后扩展到 200 个)，检索系统要支持馆内、台外上千个检索端。因此系统编目检索客户端全部采用 BS 方式，采用分布式的多层体系结构实现，服务器端主要采用 EJB、JSP 技术，客户端主要采用 HTML、JScript、Applet 和 ActiveX 技术。另外为提高编目效率，系统引入了内容自动分类的 CKM 内容管理技术。

2.5.4　结论

中国广播电视音像资料馆作为国家级音像资料馆，无论从资源规模、增长速度、还是技术设备在全国，乃至世界都是比较领先的。作为国家图书馆所处理的资源内容、功能定位、服务人群与中国广播电视音像资料馆有所不同。中国国家图书馆数字资源对象管理规范项目在音视频类资源管理方面，应吸取中国广播电视音像资料馆的先进经验，结合实际情况进行适当取舍。

3　数字对象类型调研结果

3.1　文本类

从数字图书馆的角度去分析，文本文件是计算机中最常见、最原始的文件格式，是一种通用的跨平台、跨系统的通用文件存储格式和交流形式。文本数据是使用抽象的文字或符号表示信息的内容，也可以是从原来的文本文档中扫描而来的数字化图像。各种书籍、档案主要以文本数据形式存在，与图像、视频等数据类型相比，文本数据是数字图书馆最主要的资源。

常见文本格式

ASP：Active Server Page 的缩写，意为“动态服务器页面”。

DOC：是电脑文件常见副档名的一种。该格式原是纯文字文件使用的，多见于不同的操作系统中，软硬件的使用说明。

DOCX：Microsoft Office Open XML：docx 是 Office2007 使用的，是用新的基于 XML 的压缩文件格式取代了其目前专有的默认文件格式，在传统的文件名扩展名后面添加了字母 x（即. docx 取代. doc，xlsx 取代. xls，等等）。微软推出了 Office 兼容性补丁包，通过应用这兼容性补丁包，Office 2000、XP、2003 的用户现在可以打开、编辑、保存 Word、Excel 和 PowerPoint 2007 中使用的新格式的文档。

DTB：Digital Talking Book 数字有声书。NISO 数字有声书标准，ANSI / NISO Z39. 86—2005，定义包括数字有声书（DTB）和 DTB 型播放设备要求的电子文件集合的格式和内容。

DTB_Ext：Digital Talking Book，Extension for AMR - WB + Speech Codec 数字有声书扩展。

HTML：（Hyper Text Mark - up Language）即超文本标记语言或超文本链接标示语言，是目前网络上应用最为广泛的语言，也是构成网页文档的主要语言。

NCBIArch_1：NCBI/NLM Journal Archiving and Interchange DTD，version 1 美国国立生物技术信息中心与美国国立医学图书馆期刊归档与交换。

NITF：News Industry Text Format 新闻业文本格式。由国际报业电信委员会制定的一种基于 XML 的格式。

OpenDocument：OASIS Open Office XML 绿洲开发办公 XML。

ODT：OpenDocument Text 开放文档文本。

OEBPS_1_0：Open eBook Forum Publication Structure 1. 0. 1 开放电子图书论坛出版结构 1. 0. 1。

OEBPS_1_2：Open eBook Forum Publication Structure 1. 2 开放电子图书论坛出版结构 1. 2。

PDF：Adobe Portable Document Format 便携文件格式文件。

PHP：一个嵌套的缩写名称，是英文超级文本预处理语言（PHP，Hypertext Preprocessor）的缩写。

RTF：微软的 Rich Text Format 富文本格式。

WPS：WPS 是英文 Word Processing System（文字处理系统）的缩写。它集编辑与打印为一体，具有丰富的全屏幕编辑功能，而且还提供了各种控制输出格式及打印功能，使打印出的文稿即美观又规范，基本上能满足各界文字工作者编辑、打印各种文件的需要和要求。

XML：可扩展性语言。

XPS：XML Paper Specification XML 文件规格书。

3.2 图像类

图像是由输入设备捕捉的实际场景或以数字化形式存储的任意画面，是现实生活中的各种形象和画面的抽象浓缩和真实再现。

3.2.1 常见图像格式

(1)BMP 格式

BMP 是英文 Bitmap(位图)的简写,它是 Windows 操作系统中的标准图像文件格式,能够被多种 Windows 应用程序所支持。随着 Windows 操作系统的流行与丰富的 Windows 应用程序的开发,BMP 位图格式理所当然地被广泛应用。这种格式的特点是包含的图像信息较丰富,几乎不进行压缩,但由此导致了它与生俱生来的缺点——占用磁盘空间过大。所以,目前 BMP 在单机上比较流行。

(2)GIF 格式

GIF 是英文 Graphics Interchange Format(图形交换格式)的缩写。顾名思义,这种格式是用来交换图片的。事实上也是如此,20 世纪 80 年代,美国一家著名的在线信息服务机构 CompuServe,针对当时网络传输带宽的限制,开发出了这种 GIF 图像格式。GIF 格式的特点是压缩比高,磁盘空间占用较少,所以这种图像格式迅速得到广泛应用。最初的 GIF 只是简单地用来存储单幅静止图像(称为 GIF87a),后来,随着技术发展,可以同时存储若干幅静止图像进而形成连续的动画,使之成为当时支持 2D 动画为数不多的格式之一(称为 GIF89a)。而在 GIF89a 图像中可指定透明区域,使图像具有非同一般的显示效果,这更使 GIF 风光十足。目前,Internet 上大量采用的彩色动画文件多为这种格式的文件,也称为 GIF89a 格式文件。

(3)JPEG 格式

JPEG 也是常见的一种图像格式,它由联合照片专家组(Joint Photographic Experts Group)开发并命名为"ISO 10918—1",JPEG 仅仅是一种俗称而已。JPEG 文件的扩展名为.jpg 或.jpeg,其压缩技术十分先进,它用有损压缩方式去除冗余的图像和彩色数据,获取极高压缩率的同时能展现十分丰富生动的图像,换句话说,就是可以用最少的磁盘空间得到较好的图像质量。同时 JPEG 还是一种很灵活的格式,具有调节图像质量的功能,允许你用不同的压缩比例对这种文件压缩,比如我们最高可以把 1.37MB 的 BMP 位图文件压缩至 20.3KB。当然我们完全可以在图像质量和文件尺寸之间找到平衡点。由于 JPEG 优异的品质和杰出的表现,它的应用也非常广泛,特别是在网络和光盘读物上,肯定都能找到它的影子。目前各类浏览器均支持 JPEG 这种图像格式,因为 JPEG 格式的文件尺寸较小,下载速度快,使得 Web 页有可能以较短的下载时间提供大量美观的图像,JPEG 同时也就顺理成章地成为网络上最受欢迎的图像格式。

(4)JPEG2000 格式

JPEG 2000 同样是由 JPEG 组织负责制定的,它有一个正式名称叫做"ISO 15444",与 JPEG 相比,它是具备更高压缩率以及更多新功能的新一代静态影像压缩技术。JPEG2000 作为 JPEG 的升级版,其压缩率比 JPEG 高约 30% 左右。与 JPEG 不同的是,JPEG2000 同时支持有损和无损压缩,而 JPEG 只能支持有损压缩。无损压缩对保存一些重要图片是十分有用的。JPEG2000 的一个极其重要的特征在于它能实现渐进传输,这一点与 GIF 的"渐显"有异曲同工之妙,即先传输图像的轮廓,然后逐步传输数据,不断提高图像质量,让图像由朦胧到清晰显示，而不必是像现在的 JPEG 一样，由上到下慢慢显示。

（5）TIFF 格式

TIFF（Tag Image File Format）是 Mac 中广泛使用的图像格式，它由 Aldus 和微软联合开发，最初是由于跨平台存储扫描图像的需要而设计的。它的特点是图像格式复杂、存储信息多。正因为它存储的图像细微层次的信息非常多，图像的质量也得以提高，故而非常有利于原稿的复制。该格式有压缩和非压缩两种形式，其中压缩可采用 LZW 无损压缩方案存储。不过，由于 TIFF 格式结构较为复杂，兼容性较差，因此，有时软件会不能正确识别 TIFF 文件（现在绝大部分软件都已解决了这个问题）。目前在 Mac 和 PC 机上移植 TIFF 文件也十分便捷，因而 TIFF 现在也是微机上使用最广泛的图像文件格式之一。

（6）PSD 格式

这是著名的 Adobe 公司的图像处理软件 Photoshop 的专用格式 Photoshop Document（PSD）。PSD 其实是 Photoshop 进行平面设计的一张“草稿图”，它里面包含有各种图层、通道、遮罩等多种设计的样稿，以便于下次打开文件时可以修改上一次的设计。在 Photoshop 所支持的各种图像格式中，PSD 的存取速度比其他格式快很多，功能也很强大。由于 Photoshop 越来越被广泛地应用，所以我们有理由相信，这种格式也会逐步流行起来。

（7）PNG 格式

PNG（Portable Network Graphics）是一种新兴的网络图像格式。在 1994 年底，由于 Unysis 公司宣布 GIF 拥有专利的压缩方法，要求开发 GIF 软件的作者须缴交一定费用，由此促使免费的 PNG 图像格式的诞生。PNG 一开始便结合 GIF 及 JPG 两家之长，打算一举取代这两种格式。1996 年 10 月 1 日，由 PNG 向国际网络联盟提出并得到推荐认可标准，并且大部分绘图软件和浏览器开始支持 PNG 图像浏览，从此 PNG 图像格式生机焕发。它的第一个特点，PNG 是目前保证最不失真的格式，它汲取了 GIF 和 JPG 二者的优点，存储形式丰富，兼有 GIF 和 JPG 的色彩模式；第二个特点，能把图像文件压缩到极限以利于网络传输，但又能保留所有与图像品质有关的信息，因为 PNG 是采用无损压缩方式来减少文件的大小，这一点与牺牲图像品质以换取高压缩率的 JPG 有所不同；第三个特点，显示速度很快，只需下载 1/64 的图像信息就可以显示出低分辨率的预览图像；第四个特点，PNG 同样支持透明图像的制作，透明图像在制作网页图像的时候很有用，我们可以把图像背景设为透明，用网页本身的颜色信息来代替设为透明的色彩，这样可让图像和网页背景很和谐地融合在一起。

（8）SWF 格式

利用 Flash 我们可以制作出一种后缀名为 SWF（Shockwave Format）的动画，这种格式的动画图像能够用比较小的体积来表现丰富的多媒体形式。在图像的传输方面，不必等到文件全部下载才能观看，而是可以边下载边看，因此特别适合网络传输，特别是在传输速率不佳的情况下，也能取得较好的效果。事实也证明了这一点，SWF 如今已被大量应用于 Web 网页进行多媒体演示与交互性设计。此外，SWF 动画是其于矢量技术制作的，因此不管将画面放大多少倍，画面不会因此而有任何损害。综上，SWF 格式作品以其高清晰度的画质和小巧的体积，受到了越来越多网页设计者的青睐，也越来越成为网页动画和网页图片设计制作的主流，目前已成为网上动画的事实标准。

(9)SVG 格式

SVG 可以算是目前最火热的图像文件格式，它的英文全称为 Scalable Vector Graphics，意思为可缩放的矢量图形。它是基于 XML(Extensible Markup Language)，由 World Wide Web Consortium(W3C)联盟进行开发。严格来说应该是一种开放标准的矢量图形语言，可设计激动人心、高分辨率的 Web 图形页面。用户可以直接用代码来描绘图像，可以用任何文字处理工具打开 SVG 图像，通过改变部分代码来使图像具有互交功能，并可以随时插入到 HTML 中通过浏览器来观看。

(10)PCX 格式

PCX 格式是 ZSOFT 公司在开发图像处理软件 Paintbrush 时开发的一种格式，这是一种经过压缩的格式，占用磁盘空间较少。由于该格式出现的时间较长，并且具有压缩及全彩色的能力，所以现在仍比较流行。

(11)DXF 格式

DXF(Autodesk Drawing Exchange Format)是 AutoCAD 中的矢量文件格式，它以 ASCII 码方式存储文件，在表现图形的大小方面十分精确。许多软件都支持 DXF 格式的输入与输出。

(12)WMF 格式

WMF(Windows Metafile Format)是 Windows 中常见的一种图元文件格式，属于矢量文件格式。它具有文件短小、图案造型化的特点，整个图形常由各个独立的组成部分拼接而成，其图形往往较粗糙。

(13)EMF 格式

EMF(Enhanced Metafile)是微软公司为了弥补使用 WMF 的不足而开发的一种 Windows 32 位扩展图元文件格式，也属于矢量文件格式，其目的是欲使图元文件更加容易被接受 。

(14)LIC(FLI/FLC)格式

Flic 格式由 Autodesk 公司研制而成，FLIC 是 FLI 和 FLC 的统称。FLI 是最初的基于 320 × 200 分辨率的动画文件格式，而 FLC 则采用了更高效的数据压缩技术，所以具有比 FLI 更高的压缩比，其分辨率也有了不少提高。

(15)EPS 格式

EPS(Encapsulated PostScript)是 PC 机用户较少见的一种格式，而苹果 Mac 机的用户则用得较多。它是用 PostScript 语言描述的一种 ASCⅡ码文件格式，主要用于排版、打印等输出工作。

(16)TGA 格式

TGA(Tagged Graphics)文件是由美国 Truevision 公司为其显示开发的一种图像文件格式，已被国际上的图形、图像工业所接受。TGA 的结构比较简单，属于一种图形、图像数据的通用格式，在多媒体领域有着很大影响，是计算机生成图像向电视转换的一种首选格式。

3.2.2 其他图像格式

(1)BIIF 格式

BIIF(Basic Image Interchange Format)是基本的图像交互格式。用于军事和情报机构的互操作性的图像与其他内容的封装。

(2)CAM_RAW 格式

CAM_RAW[Camera Raw Formats (Group Description)]是原始照片格式。一组使用彩色滤光阵列或 Fovean 传感器的数码相机捕获的图像数据所采用专有格式的总称。

(3)CPC 格式

CPC(Cartesian Perceptual Compression Encoding)是笛卡尔知觉压缩代码。CPC 规范定义了二值扫描生成文件光栅(位图)图像的数据流以及相关的文件格式。该方法基于对符号匹配。笛卡尔产品声称此文件通常比黑白的 TIFF 小 5 至 20 倍,文档越长压缩比越高。

3.3 音频类

数字音频资源是由数字化的声音信息构成的,它包括经过数字化处理的音乐、语音、自然声响等各类具有保存和使用价值的声音资源。

3.3.1 常见音频格式

处理音频的过程由采样和量化构成,人耳所能听到的声音,是从最低的频率 20Hz 起一直到最高频率 20KHz,20KHz 以上人耳是听不到的,因此音频的最大带宽是 20KHz,故而采样速率需要介于 40—50KHz 之间,而且对每个样本需要更多的量化比特数。音频数字化的标准是每个样本 16 位 -96dB 的信噪比,采用线性脉冲编码调制 PCM,每一量化步长都具有相等的长度。在音频文件的制作中,正是采用这一标准。

CD 格式:当今世界上音质最好的音频格式是什么?当然是 CD。在大多数播放软件的“打开文件类型”中,都可以看到 *. cda 格式,这就是 CD 音轨。标准 CD 格式也就是 44.1K 的采样频率,速率 88K/秒,16 位量化位数,CD 音轨是近似无损的,因此它的声音基本上忠于原声。如果你是一个音响发烧友的话,CD 是你的首选。它会让你感受到天籁之音。CD 光盘可以在 CD 唱机中播放,也能用电脑里的各种播放软件来重放。一个 CD 音频文件是一个 *. cda 文件,这只是一个索引信息,并不是真正的包含声音信息,所以不论 CD 音乐的长短,在电脑上看到的“ *. cda 文件”都是 44 字节长。注意:不能直接复制 CD 格式的 *. cda 文件到硬盘上播放,需要使用像 EAC 这样的抓音轨软件把 CD 格式的文件转换成 WAV。如果光盘驱动器质量过关而且 EAC 的参数设置得当的话,这个转换过程是基本上无损抓音频。推荐大家使用这种方法。

WAV 格式:是微软公司开发的一种声音文件格式,它符合 PIFF Resource Interchange File Format 文件规范,用于保存 WINDOWS 平台的音频信息资源,被 WINDOWS 平台及其应用程序所支持。“ *. WAV”格式支持 MSADPCM、CCITT A LAW 等多种压缩算法,支持多种音频位数、采样频率和声道,标准格式的 WAV 文件和 CD 格式一样,也是 44.1K 的采样频率,速率 88K/

秒,16 位量化位数。如此可见,WAV 格式的声音文件质量和 CD 相差无几,也是目前 PC 机上广为流行的声音文件格式,几乎所有的音频编辑软件都“认识”WAV 格式。

MP3:MP3 格式诞生于 80 年代的德国。所谓的 MP3 也就是指的是 MPEG 标准中的音频部分,也就是 MPEG 音频层。根据压缩质量和编码处理的不同分为 3 层,分别对应“ * . mp1”/“ * . mp2”/“ * . mp3”这 3 种声音文件。需要提醒大家注意的地方是:MPEG 音频文件的压缩是一种有损压缩,MPEG3 音频编码具有 10:1—12:1 的高压缩率,同时基本保持低音频部分不失真,但是牺牲了声音文件中 12KHz 到 16KHz 高音频这部分的质量来换取文件的尺寸,相同长度的音乐文件,用 * . mp3 格式来储存,一般只有 * . wav 文件的 1/10,而音质要次于 CD 格式或 WAV 格式的声音文件。由于 MP3 文件尺寸小,音质好,所以在它问世之初还没有别的音频格式可以与之匹敌,因而为 * . mp3 格式的发展提供了良好的条件。直到现在,这种格式作为主流音频格式的地位难以被撼动。但是,MP3 音乐的版权问题一直找不到办法解决,因为 MP3 没有版权保护技术。MP3 格式压缩音乐的采样频率有很多种,可以用 64Kbps 或更低的采样频率节省空间,也可以用 320Kbps 的标准达到极高的音质。我们用装有 Fraunhofer IIS Mpeg Lyaer3 的 MP3 编码器(现在效果最好的编码器)MusicMatch Jukebox 6.0 在 128Kbps 的频率下编码一首 3 分钟的歌曲,得到 2.82MB 的 MP3 文件。采用缺省的 CBR(固定采样频率)技术可以用固定的频率采样一首歌曲,而 VBR(可变采样频率)则可以在音乐“忙”的时候加大采样的频率获取更高的音质,不过产生的 MP3 文件可能在某些播放器上无法播放。我们把 VBR 的级别设定成为与前面的 CBR 文件的音质基本一样,生成的 VBR MP3 文件为 2.9MB。

MIDI:MIDI(Musical Instrument Digital Interface)允许数字合成器和其他设备交换数据。MID 文件格式由 MIDI 继承而来。MID 文件并不是一段录制好的声音,而是记录声音的信息,然后在告诉声卡如何再现音乐的一组指令。这样一个 MIDI 文件每存 1 分钟的音乐只用大约 5—10KB。今天,MID 文件主要用于原始乐器作品、流行歌曲的业余表演、游戏音轨以及电子贺卡等。 * . mid 文件重放的效果完全依赖声卡的档次。 * . mid 格式的最大用处是在电脑作曲领域。 * . mid 文件可以用作曲软件写出,也可以通过声卡的 MIDI 口把外接音序器演奏的乐曲输入电脑里,制成 * . mid 文件。

WMA:WMA (Windows Media Audio)格式是来自于微软的重量级选手,后台强硬,音质要强于 MP3 格式,更远胜于 RA 格式,它和日本 YAMAHA 公司开发的 VQF 格式一样,是以减少数据流量但保持音质的方法来达到比 MP3 压缩率更高的目的,WMA 的压缩率一般都可以达到 1:18 左右,WMA 的另一个优点是内容提供商可以通过 DRM(Digital Rights Management)方案如 Windows Media Rights Manager 7 加入防拷贝保护。这种内置版权保护技术可以限制播放时间和播放次数甚至于播放的机器等,这对被盗版搅得焦头烂额的音乐公司来说可是一个福音;另外 WMA 还支持音频流(Stream)技术,适合在网络上在线播放,作为微软抢占网络音乐的开路先锋可以说是技术领先、风头强劲,更方便的是不用像 MP3 那样需要安装额外的播放器,而 Windows 操作系统和 Windows Media Player 的无缝捆绑让你只要安装了 Windows 操作系统就可以直接播放 WMA 音乐。新版本的 Windows Media Player7.0 更是增加了直接把 CD 光盘转换为 WMA 声音格式的功能。在新出品的操作系统 Windows XP 中，WMA 是默认的编码格式。WMA 这种格式在录制时可以对音质进行调节，同一格式，音质好的可与 CD 媲美，压缩率较高的可用于网络广播。虽然现在网络上还不是很流行，但是在微软的大规模推广下，已经得到越来越多站点的承认和大力支持，在网络音乐领域中地位直逼 *.mp3，在网络广播方面，也正在瓜分 Real 打下的天下。因此，几乎所有的音频格式都感受到 WMA 格式的压力。

RealAudio：RealAudio 主要适用于网络上的在线音乐欣赏，现在大多数的用户仍然在使用 56Kbps 或更低速率的 Modem，所以典型的回放并非最好的音质。有的下载站点会提示：根据你的 Modem 速率选择最佳的 Real 文件。现在 real 文件格式主要有：RA（RealAudio）、RM（RealMedia，RealAudio G2）、RMX（RealAudio Secured）。这些格式的特点是可以随网络带宽的不同而改变声音的质量，在保证大多数人听到流畅声音的前提下，令带宽较富裕的听众获得较好的音质。

VQF：雅马哈公司另一种格式是 *.vqf，它的核心是减少数据流量但保持音质的方法来达到更高的压缩比，可以说技术上也是很先进的，但是由于宣传不力，这种格式难有用武之地。*.vqf 可以用雅马哈的播放器播放。同时雅马哈也提供从 *.wav 文件转换到 *.vqf 文件的软件。此文件缺少特点外加缺乏宣传，现在几乎已经宣布死刑了。

OGG：新生代音频格式 ogg 格式完全开源、完全免费，是和 mp3 不相上下的新格式。时下的 MP3 支持格式最常见的是 MP3 和 WMA。MP3 由于是有损压缩，因此讲求采样率，一般是 44.1KHZ。另外，还有比特率，即数据流，一般为 8—320KBPS。在 MP3 编码时，还看它是否支持可变比特率（VBR），现在出的 MP3 机大部分都支持，这样可以减小有效文件的体积。WMA 则是微软力推的一种音频格式，相对来说要比 MP3 体积更小。

3.3.2 其他音频格式

AAC_MP2：Advanced Audio Coding，MPEG－2 高级声音译码 MPEG－2。感知音频编码格式用于在中等带宽的连接时有效地分配波形声音，从而获得更好的保真度和更高的数据速率。压缩方法采用 MPEG－2。

AAC_ADIF：Advanced Audio Coding，MPEG－2，Audio Data Interchange Format，声音数据交互格式，包含一个简短的头文件用于处理 AAC 数据。

AAC_MP4：Advanced Audio Coding，MPEG－4，高级音频编码 MPEG－4。AAC_MP4 是对于 AAC_MP2 压缩地进一步细化，是面向对象的编码标准。

AAC_MP4_LC，AAC（MPEG－4）Low Complexity Object，高级音频编码 MPEG－4 低复杂度的对象。一种特殊类型的 AAC 声音压缩。

MP4_FF_2_AAC：MPEG－4 File Format，V.2，with Advanced Audio Coding，MPEG－4 文件格式第 2 版高级音频编码。MPEG－4 第 2 版文件格式，其中包含 AAC 编码数据。

QTA_AAC：QuickTime Audio，AAC Codec QuickTime 音频高级音频编码。在中等带宽连接中比高效分配声音文件的特流编码和文件格式。

AC－3_A：AC－3 Compressed Audio（Dolby Digital），Revision A AC－3 压缩音频（杜比数

字)修订版 A。高效的环绕声编码的有损格式设计,用以支持在剧院和在家里的运动图像演示。AC-3 由先进电视系统委员会(ATSC)进行标准化。

AES3:AES3,Digital Audio Interface Format,数字声音接口格式。为串行数字传输立体声或双声道 LPCM(线性脉冲编码调制)声音格式的音频工程学会接口。

AES3_SMPTE:AES3 Digital Audio Interface,SMPTE Extensions,AES3 数字声音接口格式 SMPTE 扩展。AES3 与运动图像和电视工程师协会(SMPTE)的扩展接口,指定一个 AC-3 音频压缩(而不是 AES3 指定的 LPCM 无压缩音频)和其他类型的数据传输方法。

AIFF:Audio Interchange File Format,声音交互格式。封装各种声音的比特流文件格式,范围从未压缩波形文件到 MIDI 格式。

AIFF_LPCM:AIFF File Format with LPCM Audio,AIFF 文件格式 LPCM 音频。包含 LPCM 声码流的 AIFF 格式的封装。

A-Law:A-Law Compressed Sound Format,A 法压缩声音格式。欧洲数字通信系统(电话)用于优化在动态范围内模数转换的标准压缩扩展算法。

AMR:Adaptive Multi-Rate Speech Codec,自适应多速率语音编码解码器。1998 年 10 月,由 3GPP(3 代合作伙伴计划)和现在广泛使用的 GSM(全球移动通信系统)标准的语音编解码器采用的语音编码,用于音频数据压缩方案优化。

AMR-WB:Adaptive Multi-Rate - Wideband Speech Codec,自适应多速率宽带语音编码解码器。GSM(全球移动通信系统)和 UMTS(通用移动通信系统)中语音编码音频数据压缩方案进行优化,对 AMR 细化,并具有代数代码激励线性预测(ACELP)压缩编码。

AMR-WB+:Extended Adaptive Multi-Rate - Wideband Speech Codec,扩展自适应多速率宽带语音编码解码器。在 AMR-WB 上增加支持立体声信号、高采样率和嵌入式变换码激励(TCX,transform coded excitation)。

ASF:(Advanced Systems Format),高级系统格式。封装各种内容码流的文件格式,数据类型可以包括音频、视频、脚本命令、JPEG 压缩静止图像、二进制,以及由开发人员定义的其他流。

AudCom:Audible. Com File Format,Audible. Com 文件格式。封装各种音频位流的声音文件格式。

AudCom_MP3:Audible. Com MP3。包含一个 MP3 编码的比特流 Audible. Com 封装包。

DLS:Downloadable Sounds Format 下载声音格式。格式,由波形音频片段和“清晰度参数”相关的 MIDI 数据格式。

DTB:Digital Talking Book,数字有声书。NISO 数字有声书标准,ANSI / NISO Z39. 86—2005,定义包括数字有声书(DTB)和 DTB 型播放设备要求的电子文件集合的格式和内容。

XMF:eXtensible Music Format,可扩展性音乐格式。XMF 是一个 MIDI、声音下载(DLS)和波形数据的封装包。

3.4 视频类

数字视频资源是以视频盘和网络为主要传播方式,以计算机及其相关外设为主要播放手段的视频信息资源。它的主要信息来源是电影、电视、录像和动画等动态图像信息。

3.4.1 常见视频格式

M - JPEG:M - JPEG 是按活动图像的正常要求速度,每秒完成对 25 帧图像的帧内压缩方式压缩每一帧,每一帧都被当做独立的信号处理,其一系列的帧实际上就是一个 JPEG 的信号流。这种设计的好处是易于编辑,可随机对任意帧进行编辑,对于非线性编辑应用是一个优秀的选择。M - JPEG 的压缩和解压缩是对称的,可由相同的硬件与软件实现。其缺点是需要过多的带宽和存储空间,这是因为它不对逐行压缩,而只是帧内压缩,压缩效率不够高。

DV:DV 压缩方式是为家用录像机设计的一种可扩展的格式,可适用于标准清晰度电视和高清晰度电视。DV 压缩最早是由标准和高清晰度家用 VCR 制造商的一个联盟研发的。DV 使用 13.5MHz 采样率,4:1:1 编码,并用 8 比特代码来提高信噪比,其空间压缩比为 5:1。DV 通过对实质上不活动的视频图像的这种压缩从标准的 25Mb/s 扩展到 DVCPRO50 中的 50Mb/s。Sony 则提供基于 DV 压缩的 DVCAM 系列 VTR。用于广播电视的 DVCPR0 摄像机主要有两种机型:一种是 DVCPR025,一种是 DVCPR050。

MPEG:MPEG 标准的数字压缩基本步骤是:先将模拟视频转换为数字视频后按时序分组,每个图像组(GOP)选定一个基准图像,利用运动估计减少图像间的时间冗余,最后将基准图像和运动估计误差进行离散余弦变换(DCT)、系数量化和熵编码(VLC&RLC)以消除空间冗余。MPEG 专家组最初的任务有 3 个:实现 1.5Mb/s、10Mb/s、40Mb/s 的压缩编码标准,即 MPEG - 1、MPEG - 2、MPEG - 3,其中 MPEG - 3 于 1992 年被撤销。

MPEG - 1 标准用于运动图像及其音频编码标准,着重于高压缩率,具有低带宽和低分解力,视频速率大致为 1.5Mb/s。其基本算法是对于压缩水平方向(360 个像素)和竖直方向(288 个像素)的空间分辨率,对于每秒 24—30 幅画面的运动图像有比较好的效果。MPEG - 1 标准还提供了一些录像机的功能:正放、图像冻结、快进、快倒和慢放等,以及随机存储的功能。MPEG - 1 标准还采用了一系列技术以获得高压缩比:①对色差信号进行亚采样,减少数据量;②采用运动补偿技术减少逐行量化,舍去不重要的信息,将量化后 DCT 分量按照频率重新排序;③将 DCT 分量进行变字长编码;④对每个数据块的直流分量(DC)进行预测差分编码。

MPEG - 2 标准与 MPEG - 1 标准相似,其比特率比后者高得多,因而要求较高的带宽和分解力。MPEG - 2 标准可定义高达 400Gb/s 的比特率和16 000 × 16 000像素的图像。其采用帧内编码与帧间编码方式。GOP(图像组)内分为 I 帧(帧内编码帧)、P 帧(向前预测编码帧)、B 帧(双向预测帧),对它们采取不同的压缩编码方式。1996 年 1 月,国际慕尼黑团体会议上又确认了具有高广播级质量和高编辑精度的 MPEG - 2MP@ ML 标准,它允许较短的 GOP,使之适应于节目制作的精确编辑。MPEG - 2 在处理图像的“简单”与“复杂”区域能自动变换压缩率,它能在同一帧内使用不同的压缩比,因而更加有效。在压缩成相同图像质量的条件下,MPEG

-2 图像所占的空间只是 M-JPEG 图像的 10%—15%。在图像采集、制作、传输、播出等各领域中,MPEG-2 已逐渐被广泛采用。

MPEG-4 除完全支持 MPEG-1/2 已提供的全部视频功能,包括在不同输入格式、帧率、比特率下对标准矩形区域图像序列进行有效编码外,还增加了新的功能:为提高传输效率,MPEG-4 采用"子图形"预测和编码技术,它把静止的背景作为"子图形",首先发往收端,作为第一帧同时存储于编码器与解码器内,再利用摄像机的移动、旋转和缩放,摄取背景前出现的视频对象,再将其分开进行编码,形成视频序列进行传送,进而重建原来的图像。这种技术对实现多媒体数据库十分有利,同时还可以改善图像质量。MPEG-4 是一种高效率的编码标准,其最低码率可达到 5—64kbps。对于具体视频而言,其交互性和可操作性,在多媒体应用领域中又可以与各种编码兼容。MPEG-7 建立在 MPEG-4 的基础上,用很少的特征对信息内容进行检索。例如对图形,只要画出很少几条线就可以找到包括该特征的相应图形、商标等。

3.4.2 其他视频格式

AAF_1_1:Advanced Authoring Format (AAF), Version 1.1 高级著作格式。基于对象的文件格式封装,包含视频、音频和其他比特流("精华"),一般在计算机系统实施时,由内容交换的创造者("作者")优化用以跨平台和应用程序之间交换。

AC-3_A:AC-3 Compressed Audio (Dolby Digital), Revision A 压缩音频格式。高效的环绕声编码的有损格式设计,以支持在剧院和在家里的运动图像演示。

ASF:Advanced Systems Format,高级系统格式。封装各种内容码流的文件格式,数据类型可以包括音频、视频、脚本命令、JPEG 压缩静止图像、二进制、由开发人员定义的其他流。

AVI:Audio Video Interleaved,隔行扫描的音视频格式。运动图像内容的文件格式,封装一个视频及其他数据块的比特流。

3.5 元数据设计与标引

3.5.1 元数据设计原则

元数据是"关于数据的数据",用来描述原始数据的特征和属性,但是它通常被认为是根据资源而建立的能够有助于对资源进行一系列操作的结构化数据。这里所说的资源可以是数字化的,也可以是非数字化的,对资源的操作包括开发、管理和长期保存等。随着数字资源的无限增长,数字资源的有效管理将越来越依赖于元数据。不同类型的资源有着不同的元数据描述标准框架。

博物馆建立了 SPECTRUM 和 CDWA(Categories for the Description of Works of Art)元数据标准框架来支持博物馆馆藏资源的管理。不同的领域也有不同的元数据标准,音乐资料领域的 SMDL(Standard Music Description Language),地理空间信息的 DGM(Digital Geologic Maps)、艺术作品领域的 CDWA、政府信息领域的 GILS(Government Information Locator Service)、视觉资料领域的 VRA(Visual Resources Association)、数字地理领域的 FGDC(Federal Geographic Data Committee)等。

图书馆使用 MARC 元数据标准系列来支持书目数据的管理与交换，采用 ISAD(G)(General International Standard Archival Description)、ISAAR(CPF)(International Standard Archival Authority Record for Corporate Bodies, Persons and Families)、EAD 元数据标准框架来支持档案馆馆藏资源的管理。数字图书馆领域也制订了相关元数据标准，依据不同的标准对相同类型的资料进行元数据规定，如 DC、PICS、CDF 等。

国家图书馆数字资源建设项目应该熟知并以所在领域的元数据标准作为基础，应该完整记录元数据文档。该文档应该列出所用的所有元数据元素的详细目录，以及这些元素对数字资源进行描述的方法。项目应该根据数字建设的目标，从已存在的众多元数据模型中选择。除非项目的要求与已有的元数据模型差距甚大，强烈建议不要构建一个全新的元数据模型。如果图书馆数字资源建设项目基于现有的元数据模型而构建了一个适合自己的元数据模型，那么，应该描绘出该元数据模型与目前已经被公认的元数据之间的关联图或映射关系。

3.5.2 描述性元数据

描述性元数据是用来描述与识别信息资源的元数据，如记录编目、查寻帮助、专题索引、资源链接、用户注释等，主要用于对数字资源的检索和知识发现。数字资源建设项目应该明确采用描述性元数据的条件，为了支持各种应用对数字资源的检索，项目必须获取和存储足够的描述性元数据。

都柏林核心元数据集(DCMES, Dublin Core Metadata Element Set)是一个常用的且非常简单的描述性元数据框架，它定义了十五个描述资源的元素，但并不意味着数字资源建设项目只提供简单的 DC 元数据，DC 只是支持资源查找的最低需要。在实际应用中，DC 可以是数字资源建设项目元数据的一个子集。鉴于 DC 的广泛应用，数字资源建设项目所采用的元数据方案应该与 DC 框架相符。

3.5.3 管理性元数据

管理性元数据是被用来管理数字对象的，记录了资源的管理信息，包括创建日期、内容格式、知识产权信息、排架信息、数字化标准选择、版本控制等，提供关于建立和使用数字资源限制的信息，包括技术性元数据(用于描述数字资源的技术特征)、原始资源元数据(用于描述数字资源所基于的原始信息资源的状态)、数字资源历史元数据(用于描述数字资源自创建后，对其进行各种操作的历史信息)和产权管理元数据(用于描述数字资源的版权、使用限制和许可协议等信息)。

某些技术性元数据包括的信息只能在数字化进程中捕获，比如，所用数字化设备及其参数的信息、数字加工机构的信息等。一些技术性元数据也可以从所使用的数字化软件中产生。数字资源建设项目应该明确对技术性元数据的需求，且必须捕捉并存储充足的技术性元数据用于数字资源的管理。

3.5.4 结构性元数据

结构性元数据描述的是复合型信息资源组成部分之间的逻辑和物理关系，比如一本印刷型书中所包含的页码顺序。数字资源加工过程可能产生一系列独立的数字资源，比如一本书也许一页产生一个数字图像,这些数字图像具有逻辑顺序,这个逻辑顺序对数字资源的操作和使用是非常重要的。

元数据编码和转换标准(METS)为描述性、管理性和结构性元数据提供了一个编码格式,这种格式不仅支持数字资源的管理,而且还支持数字资源跨系统的交换。IMS 内容包装规范提供了一种用于描述结构性元数据的方式,提供了任何系统都支持的通用输入/输出形式。IMS 内容包装的目的是为不同系统或工具提供交换学习内容的标准方法。内容包也为描述学习内容的结构(或组织结构)和预期行为提供了空间。

数字资源建设项目应该清楚掌握数字资源的结构性元数据的需求,以及 METS 在结构性元数据方面的作用和 IMS 的职能。

3.5.5 保存性元数据

保存型元数据记录与信息资源保存管理有关的信息,如资源的物质条件,数字资源的保存行为(如数据更新、迁移与仿真)。1998 年,美国研究型图书馆组织(RLG,Research Libraries Group)成立的保存性元数据工作组发布了支持数字资源保存的元数据集合,该集合由 16 个基本元素组成。开放档案信息系统(OAIS,Open Archival Information System)参考模型试图提供一个用于数字档案开发与比较研究的高级架构,该架构由功能模型和信息模型组成,分别用来描述文档的操作和支持这些操作所需的元数据。基于 OAIS 的模型框架,OCLC/RLG 保存性元数据的一个工作组开发了直接用于保存性元数据的 OAIS 信息模型的两个组件:内容信息组件和保存描述信息组件。

4 国家图书馆现状

4.1 概况

中国国家图书馆是综合性研究图书馆,是国家总书库。国家建立的负责收集和保存本国出版物,担负国家总书库职能的图书馆。馆藏资源包括图书、期刊、报纸、学位论文 、古籍善本、特藏专藏、工具书、年鉴、电子出版物、缩微资料、视听资料。国家图书馆一般除收藏本国出版物外,还收藏大量外文出版物 (包括有关本国的外文书刊),并负责编制国家书目和联合目录。国家图书馆是一个国家图书馆事业的推动者,是面向全国的中心图书馆,既是全国的藏书中心、馆际互借中心、国际书刊交换中心,也是全国的书目和图书馆学研究的中心。履行搜集、加工、存储、研究、利用和传播知识信息的职责。国家图书馆是全国书目中心、图书馆信息网络中心。承担着为中央国家领导机关,重点科研、教育、生产单位和社会公众服务的任务。负责全国图书馆业务辅导,开展图书馆学研究。1998 年开始,中国国家图书馆开始立项实施"中国数字图书馆工程",部分馆藏资料实现数字化,部分数据已面向社会提供服务。

国家图书馆全面入藏国内正式出版物,是世界上入藏中文文献最多的图书馆。同时重视国内非正式出版物的收藏,是国务院学位委员会指定的博士论文收藏馆,图书馆学专业资料集中收藏地,全国年鉴资料收藏中心,并特别开辟香港、台湾、澳门地区出版物专室。

国家图书馆的外文书刊购藏始于20世纪20年代，是国内典藏外文书刊最多的图书馆，并大量入藏国际组织和政府出版物，是联合国资料的托存图书馆。

国家图书馆不仅收藏缩微制品、音像制品，还入藏了国内外光盘数据库近百种，电子出版物8000余种。

国家图书馆在搜集、加工、存储、提供和开发文献等方面，已形成了具有中国特色的藏用并重的格局。

国家图书馆重视图书文献的保护工作，采用传统的修整技术和先进的缩微摄影技术，对馆藏要籍和各类珍稀文献进行修复和再生性保护。

中国国家图书馆履行全国书目中心职责，编辑出版国家书目、联合目录和馆藏目录。国家图书馆编辑全国书刊联合目录始于1927年。1957年以后，此项工作得到全面加强和完善。1997年10月，正式成立全国图书馆联合编目中心，在全国范围内组织与管理图书馆计算机联合编目工作，共建网上联合目录，共享书目数据资源和文献资源。

4.2 自建数字资源建设及发布统计

表2-5 截至2010年1月，国家图书馆自建数字资源量

类型	数量
中文图书	约40万种
博士论文	约15万篇
民国图书	15 000余种
民国期刊	4500余种
地方志及类书	约8900种
新善本	101种
石刻拓片	约24 000种
甲骨	约12 000种
老照片	约7000余种
年画	607种
手稿	61种
西夏文献	124种
报纸	约14万拍
音频	约4.3万种
学术讲座	387场
电子期刊	140期
网络信息资源	约5万个网站
其他资源库	约2.1万条

4.3 国家图书馆资源建设情况

国家图书馆数字资源的建设方式主要有：

(1)自建方式。从文献类型的角度，国家图书馆的特藏专藏以自建为主；从历史年代的角度，1949 年以前的馆藏资源以自建为主。

(2)合作建设方式。在平等互惠的条件下，与国内外大型机构合作开发馆藏资源，主要方式包括资源交换、委托加工。

(3)外购方式。以市场上已发行电子版本的资源为主，如电子图书、期刊、报纸，但必须在解决版权的前提下。

根据对国家图书馆资源建设情况的调研，就目前掌握的情况来看，通过自采资源的方式进行建设的资源共有五大类，分别是 2005 年政府网站、2006 年政府网站、2005 年专题、2006 年专题以及 2005—2007 的报纸。这五类资源都以互联网方式为原始资源载体保存在国家图书馆里。以下内容是对各类资源进行的详细说明，包括其格式和命名规则。

表 2-6 国家图书馆资源命名实例

资源名称	资源格式	资源命名规则
2005 年政府网站	北大天网专有格式	名称.采集年月.顺序编号 Web_Dpt.200511.031 Web_Dpt.200511.030 Web_Dpt.200511.029
2006 年政府网站	arc	采集任务开始日期-实际采集时间-顺序编号 eg:20071218-20071219021907-00000.arc.gz 20071218-20071219021917-00001.arc.gz 20071218-20071219022214-00002.arc.gz
2005 年专题	Html	所采资源保持各原始网站命名规则原貌
2006 年专题	Arc	采集任务开始日期-实际采集时间-顺序编号 eg:20071218-20071219021907-00000.arc.gz 20071218-20071219021917-00001.arc.gz 20071218-20071219022214-00002.arc.gz
2005—2007pdf 报纸	Pdf	报纸名称\发行年\发行月\发行日\原始文件名.pdf 资源文件名与其原始网站一致，不作任何更改 例如： 大众日报\2003\200310\20031001\db01.pdf 大众日报\2003\200310\20031001\db02.pdf

备注：目前采用的是 arc 网络存档存储格式，未来将采用 warc 格式来存储，WARC(Web ARChive)被称为下一代的 ARC，它是由 IIPC 在 ARC 的基础上发展起来的 Web 存档文件格式。

详细参见：

http://www.niso.org/international/SC4/N595.pdf

http://www.opengroup.org/onlinepubs/9629399/apdxa.htm#tagcjh_20

表 2－7 国家图书馆网络资源导航

资源名称	资源格式	资源命名规则	原始资源载体	备注
网络资源导航库	DC(在 DC 的基础上扩充)	流水号 例:0000000004,523,2356	无	元数据部分
	有 htm、pdf、word 格式的资源	拼音 拼音＋流水号 或保持网页原始文件名 例:zhyefazhan.htm free200622.htm senlinturang.pdf	网络	对象数据(已经本地化的):目前仅有一些实验性的资源,日后应该还会有其他类型的资源

4.4 国家图书馆自建资源命名规范

自建资源本着国家图书馆的标准,建设了不同格式的资源,有以 TIFF、PDF 和 JPEG 为主的中文图书资源、博士论文、甲骨文以及各类音视频试听文献,是我国文化史上一笔宝贵的财富。

国家图书馆自建资源命名规范根据资源内容的不同,一般包括三部分命名规则:

文件夹(目录)命名规则:作为数字对象存储的文件夹名称,同时文件夹(目录)名应该具有唯一性,以便于区分不同的数字化文献。

文件名命名规则:数字化文件的命名规则,包括封面、封底、前(后)附页、正文、插页(图)等的命名规则。

存储介质命名规则:存储、备份用存储介质的命名规则,如光盘、硬盘、磁带等。

4.4.1 中文图书

(1)文件夹(目录)命名规则

Book_ID ＋ 文件名,其中 Book_ID,11 位字长,格式为“XXXXXXX_XX”。

(2)文件名命名规则

封面扫描文件名:Axxxxx_00.tif

前附页扫描文件名:Bxxxxx_00.tif

目录页扫描文件名:Cxxxxx_00.tif

正文扫描文件名:Txxxxx_00.tif

夹页扫描文件名:Txxxxx_yy.tif

后附页扫描文件名:Yxxxxx_00.tif

封底扫描文件名:Zxxxxx_00. tif

(3)存储介质命名规则

300dpi TIFF 光盘:命名为“XXX_AXXXXXX”,其中 XXX 表示图书三级分类,A 表示300dpi 原光盘,XXXXXX 六位数字表示顺序号。

例如:TP3_A000416;TP3_A000417

300dpi TIFF 备份光盘:备份光盘命名为“XXX_BXXXXXX”,其中 XXX 表示图书三级分类,B 表示 300dpi 备份光盘,XXXXXX 六位数字表示顺序号。

例如:TP3_B000501,TP3_B000502

4.4.2 博士论文

(1)文件夹(目录)命名规则

Book_ID,10 位字长,格式为“XXXXXXX_XX”。

(2)文件名命名规则

封面扫描文件名:Axxxxx_00. tif

前附页扫描文件名:Bxxxxx_00. tif

目录页扫描文件名:Cxxxxx_00. tif

正文扫描文件名:Txxxxx_00. tif

夹页扫描文件名:Txxxxx_yy. tif

无页号彩页扫描文件名:Xxxxxx_00. tif

后附页扫描文件名:Yxxxxx_00. tif

封底扫描文件名:Zxxxxx_00. tif

(3)中英文摘命名

——中文摘要

word 文档:\word\chinese\捆号\XXXXXXX_XX. doc

txt 文本文档:\txt \chinese\捆号\XXXXXXX_XX. txt

——英文摘要:

word 文档:\word \english\捆号\XXXXXXX_XX. doc

txt 文本文档:\txt \english\捆号\XXXXXXX_XX. txt

(4)存储介质命名规则

TIFF 光盘标签:BSLW04xxxxx,其中 04 代表加工年份,xxxxx 为 5 位数字序号。

长期保存文件为 TIFF 格式;发布应用文件为 PDF 格式。

4.4.3 地方志(图像数据)

(1)文件夹(目录)命名规则

种号 + 卷号 + 文件名

种号:四位数字序号。

卷号:三位数字序号。

文件名命名规则:3 位数字序号,从 001 开始,每一页图像命名以上一页图像文件名 +1 的递增规律往上递增。

(2)文件命名规则

封面与封底命名为:XXX -00。

正文页命名为:XXX(001、002、003……依次向后顺延)。

较大的插图若扫描多页,则从 XXX -01、XXX -02……依次向后顺延。

(3)全文版面还原数据的文件夹名(种)

bbbb——代表书目编号。

(4)全文版面还原数据的文件名

数据以种为单位:bbbb. pdf(版式还原的方志电子书),"bbbb"代表书目编号。

数据以页文件名格式为 10 +3,即 10 位文件名加 3 位格式扩展名:

bbbbvvvppp. pdf(单页版式还原文件)

bbbbvvvppp. xml(含格式描述信息的单页全文数据)

其中,"bbbb"代表书目编号;"vvv"代表卷编号;"ppp"代表卷内页号。

说明:数据存储形式:数据以"书"的形式组织,每种书一个目录,每个目录中包含一个合成后的电子书文件、与该书页数相等的全文数据和单页版式还原文件。)

(5)存储介质命名规则

TIFF 光盘盘号命名:备份号(A 或 B) + 地方志种号(四位数字) + "_" + 此种书的刻盘顺序号(三位数字)。

备份号中:A 为第一份备份盘,B 为第二份备份盘。地方志种号是此文献种号。刻盘顺序号是这种文献刻的第几张盘。

例如:A0001_001 即,第一份备份盘,备份内容为 0001 种号文献的第一张盘。

TIFF 光盘标签:SZFZ030001 ,03 代表年份,0001 是 4 位序号。

全文版面还原数据光盘命名:SZFZ2_xx,其中:xx 为序号。

长期保存文件为 TIFF 格式;发布应用文件为 PDF 格式。

4.4.4　民国图书(缩微胶卷)

(1)文件夹(目录)命名规则

缩微胶卷 MARC 中的 001 字段(10 位) + 册号(3 位)。

(2)文件名命名规则

封面扫描文件名:Axxxxx_00. tif

前附页(目录页前)扫描文件名:Bxxxxx_00. tif

目录页扫描文件名:Cxxxxx_00. tif

前附页(目录页后)扫描文件名:Bxxxxx_00. tif

正文扫描文件名:Txxxxx_00. tif

后附页中的版权页扫描文件名:Yxxxxx_00. tif

封底扫描文件名:Zxxxxx_00. tif

(3)存储介质命名规则

TIFF 格式:MGTS_A100001(A1 正式, A2 备份)。

PDF 格式:MGTS_B100001(B1 正式, B2 备份)。

数据库格式:MGTS_C100001(C1 正式,C2 备份)。

书目数据:MGTS_M100001(M1 正式,M2 备份)。

4.4.5 民国期刊(缩微胶卷)

(1)文件夹(目录)命名规则

片卷代号(4 位) + 年(4 位) + \卷号(4 位) + \期号(4 位)。

(2)文件名命名规则

文件名为 3 位流水序号。

(3)原始资源载体命名规则

TIFF 光盘编号:Jxxxxx,其中 xxxxx 为 5 位数字序号。

TIFF 光盘标签号:MGQK04xxxxx,其中 04 代表加工年份,xxxxx 为 5 位数字序号。

4.4.6 新善本图书

(1)文件夹(目录)命名规则

新善本加工号(8 位) + 册号(3 位)

加工编号:文献种类代码(2 位) + 数据代码(1 位)、流水号(5 位)。

册号:3 位序号。

(2)文件名命名规则

封面扫描文件名:Axxxxx_00. tif

前附页(目录页前)扫描文件名:Bxxxxx_00. tif

目录页扫描文件名:Cxxxxx_00. tif

前附页(目录页后)扫描文件名:Bxxxxx_00. tif

正文扫描文件名:Txxxxx_00. tif

正文夹页扫描文件名:Txxxxx_yy. tif

一图多画幅文件命名:Txxxxx_00zz. tif

既是夹页又需分图的文件命名:Txxxxx_yyzz. tif

后附页中的版权页扫描文件名:Yxxxxx_00. tif

封底扫描文件名:Zxxxxx_00. tif

(3)存储介质命名规则

TIFF 格式:MGTS_A100001(A1 正式, A2 备份)。

PDF 格式:MGTS_B100001(B1 正式, B2 备份)。

数据库格式:MGTS_C100001(C1 正式,C2 备份)。

书目数据:MGTS_M100001(M1 正式,M2 备份)。

4.4.7 石刻拓片

文件名命名规则

名称(拼音缩写)+流水号(5位)+属性/数量(同一名称,同一流水号,再注释分拓信息)+tif或jpg。

表2-8 拓片类型简繁体中英文字母对照表

中文简体	中文繁体	英文字母
顾专	顧專	gz
梁专	梁專	lz
善拓	善拓	st
各地	各地	gd
造像	造像	zx
表轴	裱軸	bz
叶专	葉專	yz
缪专	繆專	mz
章专	章專	zz
北京	北京	bj
墓志	墓誌	muz
画像	畫像	hx
表本	裱本	bb

表2-9 拓片属性中英文字母对照表

中文	英文字母
阳	a
阴	b
盖	c
左侧	d
右侧	e
侧	f
志	g
题名(跋)	T
额	E
正面	Z
背面	B
盖阳	ca
盖阴	cb
志阳	ga
志阴	gb

4.4.8 甲骨

文件名命名规则

包括甲骨拓片名、甲骨实物名数据命名规则。

——甲骨拓片名

xxxxx + T + (A 或 B 或 C)。xxxxx 为 905 $C 索书号,“T”为甲骨原件的标识符,A 或 B 或 C 为拓片内容标识符(A:正面;B:背面;C:臼)。

——甲骨实物名

xxxxx + (A 或 B 或 C)。xxxxx 为 905 $C 索书号, A 或 B 或 C 为内容标识符(A:正面;B:背面;C:臼)。

4.4.9 手稿

(1)文件夹(目录)命名规则

以索书号为文件夹名,如:“1732”。

(2)文件名命名规则

首位为内容说明,以大写字母表示;次位为具体标注,目录、正文等页以 3 位阿拉伯数字表示,正反面分别以大写字母 A、B 表示。

当一个书号中有 1 册以上手稿时,全部图像仍存储在同一文件夹中,每册手稿的文件名前按册数依次为大写字母 A—Z。

表 2-10 手稿内容命名对照表

内容		命名	说明
封面	正面	AA	—
	背面	AB	无文字则不扫描
信封、函套等	正面	BA	—
	背面	BB	无文字则不扫描
目录页	正面	C001,C002……	—
	背面	C001B,C002B……	无文字则不扫描
正文	正面	D001,D002……	—
	背面	D001B,D002B……	无文字则不扫描
	断页	D001_1 / D001_2……	按断页情况依次排号
	碎片	D001S	如有 1 个以上碎片,则在 S 后加数字
	夹条	D001Z	夹在第 1-2 页间内容与之有关的夹条
封底	内面	FA	无文字则不扫描
	外面	FB	—
夹条	正面	Z001,Z002……	与正文内容无关的夹条
	背面	Z001B,Z002B……	无文字则不扫描

(3)存储介质命名规则

光盘号:BJSGTIF－x,其中:BJSG,为巴金手稿,TIF,为 TIFF 格式,X,为序号。

4.4.10　西夏文献

(1)文件夹(目录)命名规则

书目数据索书号为名。

(2)文件名命名规则

表 2－11　西夏文献文件名命名规则

内容		命名	说明
封面(A)	书名签	A	如封面书名标签脱落,需单独扫标签
	封面外	AA	如有一个以上的封面,在中间加数字
	封面内	AB	
书名(B)	书名页	BA	书名页为封面和正文间标有书名的页
	书名页背面	BB	如有一个以上的书名页,则在中间加数字
前衬纸(C)	封面和正文间的衬纸	CA	如有一张以上的衬纸,在中间加数字
	封面和正文间的衬纸背面	CB	
正文(D)	第 1 页和第 2 页	D001002	第 1、2 页相连
	第 1 页和第 2 页背面	D001002B	
	第 1 页	D001	第 1 页是单片
	第 1 页的背面	D001B	
	页面间连接的侧边	D001C	无论是哪一页的侧边,C 均放在最后,具体情况在记录单中注明
	第 1 页的前半张	D001M	
	第 1 页的后半张	D001N	
	第 1 页掉下来的碎片	D001S	按碎片数量,末位加数字依次排序
	无法判断是哪一页的碎片	DS	
	印章页	DT	
后衬纸(E)	封底和正文间的衬纸	EA	如有一张以上的衬纸,在中间加数字
	封底和正文间的衬纸外	EB	
封底(F)	封底内	FA	如有一个以上的封底,在中间加数字
	封底外	FB	
	封底标签	FC	如封底有书名标签,并且已脱落,需单独扫标签

4.4.11　视频讲座

文件名命名规则

类型＋码流＋文献类型＋讲座名称＋节目序号。

文件类型:第一位用英文字母 V 代表视频,A 代表音频码流;用英文字母表示码流,A 表示 250Kbps—450Kbps 之间,B 表示 450Kbps—950Kbps,C 表示 950Kbps—1500Kbps 之间,D 表示 1500Kbps 以上的文件播放格式;用英文字母 W 表示微软流媒体格式以阿拉伯数字描述文件的集数(没有集数的用 0 表示),例如上集用 1 表示,下集用 2 表示,连续剧用 1,2,3……顺序表示。例如:VAW - lecture - 抗日战争与中国社会复兴 1. wmv。

4.4.12 音频

文件夹(目录)命名规则

根据源盘号命名文件夹。

例:AL035722、AL035723

文件名命名规则:命名规则“Track No.”+“序号”。

例:Track No.1、Track No.24

存储介质命名规则:只标识该盘内所包含的所有数字化内容的光盘号段。

例:AL035722 - AL035708

4.4.13 视频

(1)文件名命名规则

“源盘号”+空格+“源盘盘名”

例如:DV010890 猛龙

在确定源盘盘名时,如遇连续剧,仍然以盘面为主。盘面标识为第几集,盘名即为:“剧名”+“第几集”

例:VC028300 害羞的女人第一集、VC028301 害羞的女人第二集

盘面标识为序列号 1、2、3 或一、二、三等,盘名即为“剧名”+“ -1”或“(一)”例:VC028593 世界特级军情卷宗 -1、VC028594 世界特级军情卷宗 -2

在 VCD 数字化过程中,根据源盘视频段落数目的不同,数字化后的文件根据需要在文件名后加“ -1”、“ -2”等。

例:VC028274 韩国语语音 -1、VC028274 韩国语语音 -2

DVD 数字化过程中,如果出现数字化文件过大,声音画面不一致的情况,需要将原文件分割成多个小文件时,在分割后的文件名后加“ -1”、“ -2”等。

例:DV010557 青青草 -1 -1、DV010557 青青草 -1 -2

(2)存储介质命名规则

标识该盘内所包含的所有数字化内容的光盘号段。

例:DV010880 - DV010883

4.5 国家图书馆资源管理文件

4.5.1 国家图书馆数字资源建设规划

《国家图书馆数字资源建设 2006—2010 年规划》于 2005 年第 15 次馆长办公会议原则

通过。

国家图书馆自2000年以来在数字资源建设方面投入了大量的资金和人力,取得了一定的成果。截止到2004年底自建数字资源总容量达107TB。

为保证国家图书馆数字资源建设的持续发展,实现国家图书馆二期工程暨国家数字图书馆工程的建设目标,通过对国家图书馆馆藏资源的全面分析,并依照《国家图书馆数字资源建设条例》的规定,在2003—2005年规划的基础上,特制定国家图书馆2006—2010年数字资源建设发展规划。

(1)数字资源建设目标

在已建数字资源的基础上,以国家图书馆二期工程暨国家数字图书馆工程竣工期为近期目标,力争在2007年底,使国家图书馆的数字资源形成一定规模和特色系列,实现自建中文书目数据总量达到720万条,自建中文全文数据总量达到250TB,自建专题资源库总量达到12TB,向读者提供服务的自建数据总量达到30TB;购买数据库总容量达7.5TB,数据量达8亿条。

以“十一五”规划完成期为中期目标,力争在2010年底,使国家图书馆的数字资源形成较大规模和较完整的特色系列,实现自建中文书目数据总量达到850万条,自建中文全文数据总量达到400TB,自建专题资源库总量达到17TB,向读者提供服务的自建数据总量达到50TB;购买数据库总容量达9.5TB,数据量达10亿条。

(2)数字资源建设策略

2006—2010年,数字资源建设将依照两条主线进行,一是基于馆藏传统文献的数字化建设以及在此基础上的数字资源整合与开发;二是基于网络资源及其他原生数字资源的采集与再加工。

数字资源建设总体策略是:

①善本古籍、普通古籍、民国文献及其他特藏专藏的数字化以自建和合作建设为主;1949年以后出版的文献的数据库以外购为主。

②馆藏文献数字化以全文影像为主,具有特殊意义的资源可进行全文转换,或者外购全文文本。

③以元数据(包括书目数据、篇名数据)和全文影像库建设为基础,以专题知识库建设为方向。

(3)数字资源建设方式

①自建方式。从文献类型的角度,国家图书馆的特藏专藏以自建为主;从历史年代的角度,1949年以前的馆藏资源以自建为主。

②合作建设方式。在平等互惠的条件下,与国内外大型机构合作开发馆藏资源,主要方式包括资源交换、委托加工。

③外购方式。以市场上已发行电子版本的资源为主,如电子图书、期刊、报纸,但必须在解决版权的前提下。

(4)数字资源内容体系

数字资源将按照三级体系进行规划建设,即中文元数据总库、特色资源数字化、专题知识库的建设。

①数据库类型

• 元数据库,包括书目数据库、篇名(目次)数据库、摘要数据库、规范数据库以及专题导航库。

• 全文数据库,包括全文影像和全文文本。

• 多媒体数据库,包括音视频数字资源库。

• 专题知识库,包括各专题类型的知识性资源库。

②数据库系列

• 文献系列:包括古籍文献、民国文献、少数民族文献、学位论文、政府出版物文献。

• 特藏系列:包括敦煌、甲骨、青铜器、拓片、法帖、舆图、年画、家谱、老照片、名家手稿、新善本、外文善本。

• 专题资源系列:中国文化史、中国历史人物、中国地方志、中国古代法律、参考资源。

• 专题导航系列:学科知识导航、行业服务导航。

• 网络资源系列:网站网页信息、网络专题信息。

(5)项目实施步骤

为保证2005—2010年国家图书馆数字资源建设按照规划,有组织、分步骤的进行,各具体建设项目应按照以下步骤进行组织管理。

①申报项目,由各业务部门申报部门项目或由数图管理处组织全馆性项目。

②审核初步立项,各业务部门申报的项目由数图管理处组织审核,并初步决定是否立项。

③申报建设方案,由申报部门或建设部门报送具体的建设实施方案,包括实施计划、进度安排、建设标准、经费预算。

④审核立项,由数图管理处审核方案,提交我馆数字资源建设委员会讨论,最后报馆长审批立项。

⑤下达项目任务,由数图管理处下达数字资源建设项目任务书,并与项目负责人签订合同。

⑥监督考核,由数图管理处负责数字资源建设项目过程中的监督考核,检查进度与抽查质量,项目完成并经验收后,签署质量合格报告。

⑦产品发布,数字资源库完成并验收后,项目承担机构负责把数据推送到数字资源接收服务器上,由数字资源发布机构检查发布。

4.5.2 国家图书馆文献保护条例

为了加强对馆藏文献的保护,继承和弘扬中华民族优秀的历史文化遗产,保障国家总书库的完整和安全,促进文献保护工作的开展,国家图书馆根据本馆业务发展规划,特制定了国家图书馆文献保护条例。条例的目的是为了维护馆藏文献的完整与安全,最大限度地延长具有重要保存价值文献的保存和使用寿命。

搜集、加工、存储、研究和利用各类文献,传播各种知识信息,是国家图书馆的主要职责,文献的保存与保护是文献研究和文献利用的物质基础与保证。文献保护工作贯彻保护为主、防治结合、合理利用、加强管理、原生性保护与再生性保护并举的基本原则。馆藏文献根据文献的级别、类型、载体形式、学科、文种、使用方式等进行如下划分:①善本特藏文献;②普通古籍文献;③书刊保存本文献;④报纸保存本文献;⑤新型载体文献;⑥基藏本文献;⑦流通本文献。善本特藏文献、普通古籍文献、保存本文献、基藏本文献及新型载体文献中的原盘、母片、数据备份为永久保存文献。

(1)文献保护工作的职责与任务

进行文献保护技术的研究与实验工作,探索应用新技术保护各类馆藏文献的方法,解决馆藏文献保存、保护过程中出现的各种问题。

跟踪国际、国内文献保护技术的发展,研究与规划全馆文献的保护工作,对全馆重要文献的保护提出可行性方案,并有计划地组织实施。

开展文献保护基础理论的研究和总结,为我馆文献保护工作提供科学性、系统性的理论依据。

开展文献保护相关标准的研究、制定工作,建立和完善文献保护的标准体系。

研究和监测全馆各类文献的保存状况、全馆各文献库房保存环境条件的变化情况,发现问题及时提出整改措施。

进行文献有害生物的防治工作。对损坏严重的文献进行有效的抢救和处理,以延长其保存和使用寿命。

开展珍贵文献的缩微复制和数字化工作,通过文献载体的转换进行文献再生性保护,并提高文献的利用水平。

进行书库空气环境的调节与控制,改善文献保存环境质量。做好文献库房防灾、防盗工作,确保文献的完整与安全。

(2)文献保护的措施与要求

文献库房是文献保护的基本物质条件,库房建筑的设计和改造应按照文献保护的要求进行,并符合《图书馆建筑设计规范》和相关标准的规定。库房设计与改造方案,必须在认真调查研究的基础上严格进行科学论证,并经馆长办公会议讨论同意后,方可实施建筑的设计与施工。

文献装具的设计与材料选择应有利于文献的保护。书柜、书架、书盒、函套应采用阻燃、耐腐蚀、无挥发性有害气体、不易生虫生霉的材料制作。

书库及重要文献的管理,应严格按照《国家图书馆安全保卫工作暂行规定》和《国家图书馆馆藏文献库房管理条例》进行。

文献库房的空调设备、水电、照明设备应定期进行检修维护,出现故障及时排除,保障各类设备的安全运行。文献库房温湿度的调节控制应按照保护文献的要求及相关标准进行。严格监控各库房的温湿度，保证重点书库达到恒温恒湿要求。对重点书库的温湿度需进行定时、定点连续监测，发现问题及时解决。书库空调系统应配备空气净化装置，滤除空气中的有害气体和灰尘。对重点书库的空气质量应严格控制，定期检测。并研究采用科学、实用的净化空气的技术方法，减少有害气体和灰尘对文献载体危害。

做好文献的防光工作，书库照明应符合文献保护的要求和相关标准，减少光线尤其是紫外线对文献的损害。做好文献的防虫防霉工作，应采取多种措施，确保文献不生虫、不生霉。珍贵文献入藏书库之前，需进行杀虫或消毒处理，防止将有害生物带入书库。

文献的修复工作应符合文献保护的原则，修复技法必须有利于文献的永久保存，修复后的文献不得改变历史原貌。

利用、复制、展览、拍摄馆藏文献，不得对文献造成损害。善本特藏文献原件的利用、复制、展览、拍摄等需有专人监护。

对永久保存文献原件的利用，应有一定的限制和管理措施，尽量以复制件或数字化制品提供阅览服务。

列为国家文物的珍贵文献，文献的利用、复制、修复、展览、出境等需按照《文物保护法》的有关规定进行。

4.6 结论

中国国家图书馆作为国内馆藏资源最丰富的图书馆，已经进行了多年数字资源加工、保存、管理与服务的工作，积累了大量工作经验，形成了部分规章制度与标准规范，其相关项目成果在国内外都处于先进行列。部分条例具有很强的指导意义，例如《国家图书馆数字资源建设2006—2010 年规划》的大部分思想在今后都可以沿用。

第三部分　数字资源对象管理规范一致性测试

根据《国家图书馆数字资源对象管理规范》，参考 GB/T 17178 一致性测试的方法，针对国家图书馆的实际情况，选取文本、图像、音频、视频类型的数字资源进行测试验证，完成采集加工、保存、发布的主要操作环节，对《国家图书馆数字资源对象管理规范》的可用性、可操作性进行验证。

由于数字资源的处理受到技术的影响较大，且技术发展日新月异，所以目前国家图书馆的相关管理办法很多局限于传统物理形态资源。某些方法可以适用于中小规模的数字资源建设项目，而无法满足国家图书馆所有馆藏数字资源的管理需要，应当引入新的技术方法和标准，例如，用数字资源唯一标识符代替自建资源命名规范。国家图书馆迫切需要包括“数字资源对象管理规范”在内的一系列标准规范对今后的资源建设与管理工作进行指导。

1　试验目的

通过本试验验证《国家图书馆数字资源对象管理规范》，包括文本、图像、音频、视频、复合数据五种类型数字资源对象及由其组成的复合数字对象的整个信息生命周期（采集加工、保存、和发布过程）的管理。

通过部分样例测试数据，完成样例测试数据的采集加工、保存和发布主要操作过程，为未来国家图书馆的数字资源对象管理进行前期准备与试验铺垫。

2　试验环境

2.1　测试数据

本次试验按照文本、图像、音频、视频四种类型数字资源分别测试数据，按照自建数字资源采集加工管理方式对测试数据进行管理。

(1)文本

来源:发表于《数字与缩微影像》期刊论文一篇

数字与缩微影像
DIGITAL & MICROGRAPHIC IMAGING　应用技术研究

全国文化信息资源共享工程数据共享技术探索

徐周亚　镇锡惠

北京中数创新技术有限公司　100081

摘　要：全国文化信息资源共享工程通过采用先进的科学技术手段，向广大人民群众传送丰富的文化信息。以广西壮族自治区数据共享项目为例，对信息资源共享技术进行探索。

关键词：文化共享工程；信息共享；元数据共享格式；元数据通讯协议

1背景

全国文化信息资源共享工程（以下简称“文化共享工程”）通过采用先进的科学技术手段，向广大人民群众传送丰富的文化信息。其目标是充实基层文化建设内容，活跃城乡人民群众的文化生活，充分发挥文化信息资源在发展经济、提高人民群众思想道德和科学文化素质等方面的重要作用。

目前，全国各省文化共享工程建设已经取得了阶段性成果，完成了大量文化类信息资源的建设与服务，特别是广西、江苏、山西等省在资源建设的同时，开始采用新技术，将省级中心与下级市县支中心进行资源数据共享。本文以广西壮族自治区数据共享项目为例，对信息资源共享技术进行探索。

广西文化共享工程是全国文化共享工程的重要组成部分，在自治区党和政府的领导关心下，通过全区各地的共同努力，目前，已取得阶段性成果。到2005年底全区共建文化共享工程各级分中心146个，其中省中心2个（广西图书馆、广西桂林图书馆）、市级中心9个（含南宁市少儿馆），县级中心（含市辖区）38个，乡镇、社区等基层点97个。广西文化共享工程在文化共享工程实施中除接收国家管理中心提供的文化信息资源外，已制作了舞台艺术、旅游文化、科普知识、农业科技、文物珍品和人物等具有广西民族特色和地方特色的文化信息资源，供广大读者用户使用。

2存在问题

广西各级分中心和试点县支分中心在配备了相应的共享工程设备及资源之后，实现了一次跨越式的发展，从图书馆传统手工操作方式转变为机器信息化方式，图书馆服务功能得到巨大的提升。各级县支分中心也已具备了共享工程资源管理和存贮、数字资源制作和发布、数据传输和服务等功能，从原来的单纯依靠向省市中心索取信息资源，转变为可以在现有的设备条件下独立制作并发布资源。

各级中心独立制作并发布资源无疑地会极大地丰富共享工程的资源数量，使得更多宝贵的文化信息得以发掘、保护与宣传。同时，这种转变也对原有的共享工程的资源建设模式提出了挑战：

(1) 原有的国家中心、省级中心进行资源建设，市、县支中心索取使用资源的模式，变为各级中心都真正开始进行资源建设与共享，信息资源的生产、存储、发布系统与设备随之发生变化。

(2) 国家中心、省级中心的组织、管理、协调功能进一步强化，其不仅是信息资源的生产、发布单位，也需要对下级分支中心的信息资源加工情况及时掌握并进行指导。

(3) 各级分支中心原来仅从国家中心、省级中心获取数据，数据来源单一，管理工作相对比较容易进行。当数据来源扩充到众多同级的分支中心后，信息的发现、传输、合并就成了十分复杂的问题。

(4) 鉴于网络带宽、信息资源使用频率、版权著作权等多方面原因，未来各级分支中心的文化信息资源不能像原有方式那样不加甄别地进行全部上传或全部下载。

2009.3　数字与缩微影像

图3－1　文本数据扫描样张

(2)图像

来源:拍摄收藏舞俑塑像照片一张。

图 3-2　图像拍摄样张

(3)音频

来源:音像出版物 CD 唱盘一张。

图 3-3　CD 音频光盘样张

(4)视频

来源:音像出版社发行 VCD 光盘一张。

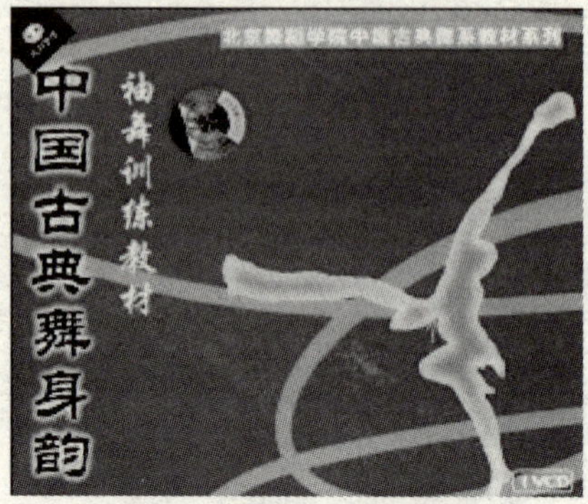

图 3-4　VCD 视频光盘样张

(5)复合数据

来源:网络采集资源文件一个。

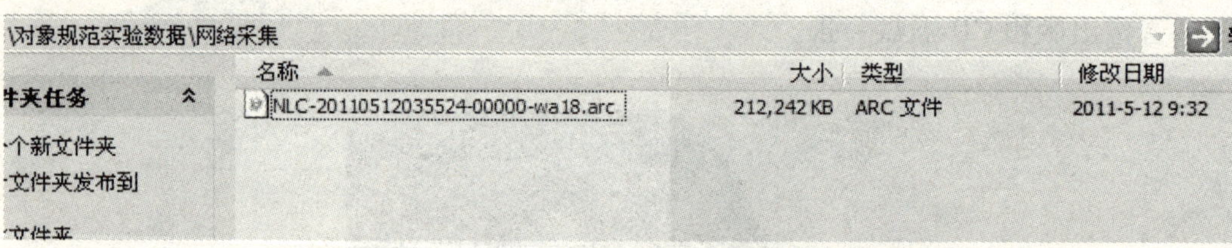

图 3-5　网络采集资源

来源:征集原始数据两种。第一种是长春图书馆馆藏国家珍贵古籍,第二种是山西省图书馆文源讲坛数据库。

图 3-6　征集原始数据

2.2 试验系统软硬件环境

2.2.1 软件环境

表3-1 试验软件系统

类型	软件名称	开发厂商	备注
操作系统	Windows XP	Microsoft	
数据库系统	SQL Server 2005	Microsoft	
图像采集软件	Scan Wizard 5	Microtek	用于数据图像数据扫描
文字识别软件	TH-OCR 2007 数据录入工厂	北京文通科技有限公司	用于文本OCR识别
文本处理软件	Adobe Acrobat 9.0	Adobe	用于文本数据编辑格式转换
图像处理软件	Adobe Photoshop	Adobe	用于图像数据编辑格式转换
音频处理软件	狸窝超级全能视频转换器 V3.0.0.2	leawo	支持网络中各种视频格式之间的相互转换
视频处理软件	狸窝超级全能视频转换器 V3.0.0.2	leawo	支持网络中各种音频格式之间的相互转换
资源管理软件	CDI CM 内容管理软件（企业版）（简称 CDI CM 软件）	北京中数创新技术有限公司	支持数字资源对象的采集加工、保存、和发布

本试验采用以上软件组合实现数字资源采集加工、保存、发布，其中 CDI CM 内容管理软件完成各阶段数字资源的管理。

2.2.2 硬件环境

表3-2 试验硬件环境

类型	参数	厂商	备注
照相机	500D	Canon	对实物进行拍摄。
镜头	AF 17—50mm f/2.8	腾龙	
扫描仪	Phantom h8	MicroTEK	对文本数据进行扫描。

续表

类型	参数	厂商	备注
加工服务站	型号:Intel 赛扬双核 E3300 标称频率:2500MHz 内存大小:2048MB DDR2 硬盘容量:320GB 7200 转,SATA2 光驱类型:DVD – ROM 操作系统:Windows XP 声卡描述:集成 网卡描述:1000Mbps 以太网卡 核心数量:双核心 前端总线:800MHz	联想	数据加工
发布服务站	型号:Intel 赛扬双核 E3300 标称频率:2500MHz 内存大小:2048MB DDR2 硬盘容量:320GB 7200 转,SATA2 光驱类型:DVD – ROM 操作系统:Windows XP 声卡描述:集成 网卡描述:1000Mbps 以太网卡 核心数量:双核心 前端总线:800MHz	联想	数据发布
存储服务站	型号:Intel 赛扬双核 E3300 标称频率:2500MHz 内存大小:2048MB DDR2 硬盘容量:320GB 7200 转,SATA2 光驱类型:DVD – ROM 操作系统:Windows XP 声卡描述:集成 网卡描述:1000Mbps 以太网卡 核心数量:双核心 前端总线:800MHz	联想	数据保存

3 试验方法

3.1 采集加工

3.1.1 元数据

采用资源管理软件分别建立文本、图像、音频、视频四类元数据资源库,各资源库元数据设置如下。

(1)文本

名称	名称、交替题名
责任者	责任者、责任方式、责任者机构、责任者联络方式、创建者
主题	主题、关键词
描述	描述
出版者	出版者、其他责任者
日期	日期、接受日期、修改日期、发布日期
类型	类型、分类号、一级类目、二级类目
格式	格式
标识符	标识符
来源	来源
语言	语种

续表

名称	名称、交替题名
关联	关联
时空范围	时空范围
权限	权限
文件	文本文件
其他	资助信息

（2）图像

名称	名称
责任者	创建者
主题	主题
描述	描述
出版者	出版者、其他责任者
日期	日期
类型	类型
格式	格式
标识符	标识符
来源	来源
语言	语种
关联	关联
时空范围	时空范围
权限	权限
文件	对象文件
其他	资源原始链接、数据原始 ID

（3）视频

名称	名称、正题名、并列题名、副题名、交替题名
责任者	创建者
主题	主题、关键词
描述	描述
出版者	出版者、出版者名称、出版地、其他责任者、其他责任者名称、其他责任者并列名、责任方式、其他信息
日期	日期、制作完成日期、出版日期

续表

名称	名称、正题名、并列题名、副题名、交替题名
类型	类型、分类、分类号
格式	格式、时长
标识符	标识符、国际标准音像制品编码、数据位置标识
来源	来源
语言	语种
关联	关联、相关视频
时空范围	时空范围
权限	权限
文件	对象文件
其他	版本说明、获奖、奖名、奖项、获奖者、获奖年度或届次、颁奖日期、剧照、创建者、主编、撰稿、编剧、作者、导演、作词、作曲、制片人、监制、主持人、主演、舞蹈、团体演出、翻译、配音、美术总设计、舞美监制、编辑、摄影、策划、剧务主任、制片主任、剪辑、化妆造型、服装、服装设计、道具设计、武术指导、灯光、表演、剧务、演唱。

（4）音频

名称	名称、正题名、并列题名、副题名、交替题名
责任者	创建者
主题	主题、关键词
描述	描述
出版者	出版者、出版者名称、出版地、其他责任者、其他责任者名称、其他责任者并列名、责任方式、其他信息
日期	日期、制作完成日期、出版日期
类型	类型、分类、分类号
格式	格式、时长
标识符	标识符、国际标准音像制品编码、数据位置标识
来源	来源
语言	语种
关联	关联、相关视频
时空范围	时空范围
权限	权限
文件	对象文件
其他	获奖、奖名、奖项、获奖者、获奖年度或届次、颁奖日期、剧照、创建者、作词、作曲、翻译、配音、美术总设计、舞美监制、编辑、演唱文本

(5)数字化

采用扫描仪与 Microtek Scanwizard 5 软件对测试数据期刊论文进行扫描数字化,采用长期保存级进行采集加工管理。

3.1.2　字符集(文本)

(1)采用 OCR 软件对图像进行文字识别,手工进行文字纠错处理。

全文文本按照 Unicode 编码进行文件保存,文件头编码为 FFFE。

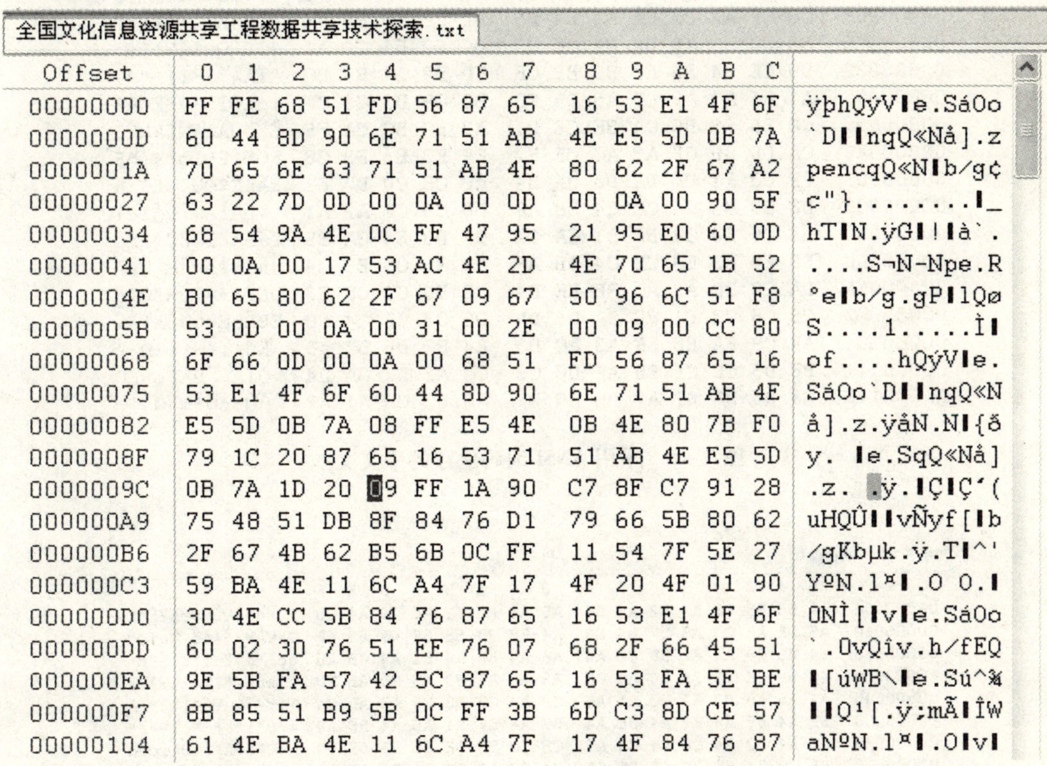

图 3－7　采用 Unicode 编码保存的中文文本

如果全文文本按照 ANSI 编码进行文件保存,文件没有特定头编码。在中文 GB 2312 应用软件下可以打开,其他语言应用软件下默认打开为乱码。如果一篇日文文本按照 ANSI 编码进行文件保存,文件也没有特定头编码。在日文 EUC－JP 应用软件下可以打开,其他语言应用软件下默认打开为乱码。

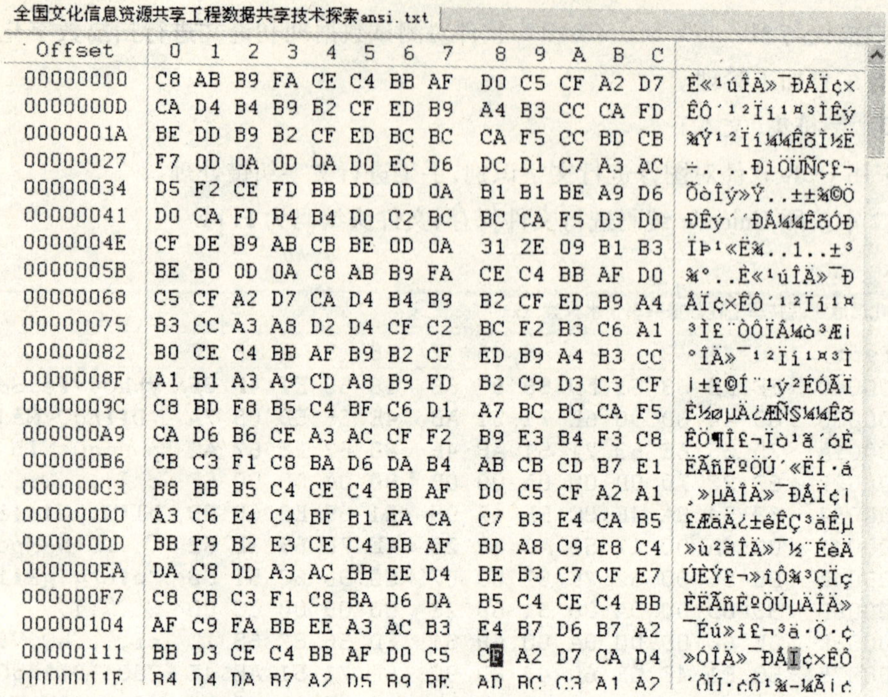

图 3－8 采用 ANSI 编码保存的中文文本

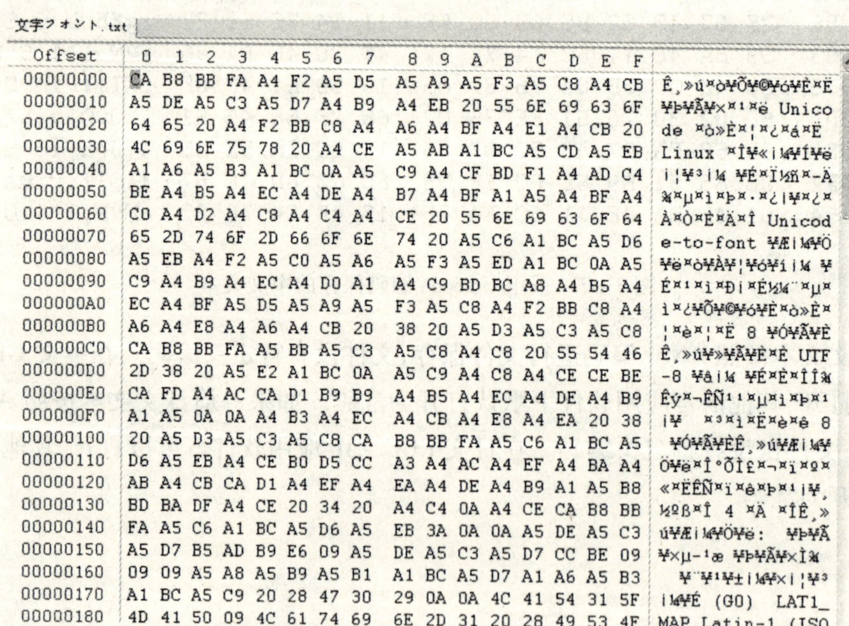

图 3－9 采用 ANSI 编码保存的日文文本

(2)文本数字化扫描参数:

表3-3 文本数据加工扫描技术参数

文献类型/规格	图像分辨率(ppi)	色彩位深	文件格式压缩算法
普通图书类	300	真彩色	PDF

(3)采集加工阶段的元数据:

名称:全国文化信息资源共享工程数据共享技术探索

责任方式:作者

责任者:徐周亚 镇锡惠

责任者机构:北京中数创新技术有限公司

责任者联络方式:xuzy@ cdi. cn

关键词:文化共享工程 信息共享 元数据共享格式 元数据通讯协议

日期:2009.03

类型:文化共享工程

格式:PDF

语种:中文

来源:数字与缩微影像

标识符:1.1/20100110162610

权限:公开

时空范围:21 世纪中国

创建者:徐周亚、镇锡惠

主题:文化共享

描述:全国文化信息资源共享工程通过采用先进的科学技术手段,向广大人民群众传送丰富的文化信息。以广西壮族自治区数据共享项目为例对信息资源共享技术进行探索。

出版者:数字与缩微影像编辑部

其他责任者:主编:张铁名

关联:文化共享工程质量控制

(4)质量检验:

测试数据进行检验结果如下表3-4所示。

表 3－4　质量检验结果

检验项目	检验结果
加工文件名	全国文化信息资源共享工程数据共享技术探索
系统文件名	20100110162610
附属文件	20100110162732. jpg、20100110162750. jpg、20100110162803. jpg
存储路径	资源\00000000000000\20100110161740\1
是否修改	否
元数据是否齐全	是
内容是否正确	是

3.1.3　图像

(1)数字化

采用数码照相机对实物舞俑进行拍摄,按长期保存级进行采集加工管理。

参数如下表 3－5 所示。

表 3－5　图像数据加工技术参数

文献类型/规格	图像分辨率(ppi)	色彩位深	文件格式压缩算法
图像	300	32 位	TIFF

(2)采集加工阶段的元数据

名称:舞俑

日期:2007.05

类型:文物

格式:TIFF

语种:中文

来源:自建

标识符:1.1/20100110162610

权限:公开

时空范围:古代西安

创建者:古代手工艺者

主题:文物

描述:唐代舞蹈与音乐结合紧密,特别是从中亚、西亚及我国西北少数民族地区传入的乐舞,深受人们的欢迎,成为时尚。不仅在节日庆典上有歌舞表演,富贵之家外出郊游也要带上伎乐。乐舞在人们生活中占据相当重要的位置。此女舞俑上穿翻领半袖衫,下着长裙,束腰,头微侧。两臂一上举,一下垂,双腿一侧伸,一屈曲,腰肢轻扭,翩翩起舞。从服饰与舞姿看,属于传统汉族舞蹈范畴内的“软舞”。与女舞俑相伴而出的还有乐俑5件。其中立者3件,分持琵琶、排箫、笙;坐者2件,分持钹、腰鼓。身份仿史籍中所称的立部伎与坐部伎。立部伎与坐部伎同时出现,在唐代考古中尚属罕见,它表明此组乐舞俑具有很高的等级。同时也说明,在高水平的乐舞表演中,软舞仍占有相应的位置。从雕塑技法与风格分析,它与洛阳孟津岑氏墓俑接近,出土地点应在洛阳邙山一带。

出版者:国家图书馆

其他责任者:摄影:宋玉川

关联:洛阳孟津岑氏墓俑

大类号:CS - TY - 001

编号:CS - TY - 001

本地称谓:舞俑

汉语用名:舞俑

学术用名:舞俑

数量:1

类别:道具

产地:陕西西安

功能:装饰

征集时间:20070500

征集方式:购置

拥有者姓名:孙津

征集人姓名:闫晶

征集地点:陕西汉唐朗庭文化艺术中心(复制)陕西西安

物品使用时间:古代

物品使用地点:古代

物品使用者身份:古代

经手人姓名:陕西碑林博物馆专家 王倩

经手人地址:陕西碑林博物馆质量控制

(3)质量检验

对测试数据进行质量检验,检验结果如下表3-6所示。

表 3-6　图像数据检验结果

检验项目	检验结果
加工文件名	舞俑
系统文件名	20110107160252
附属文件	20100110164813. tif
存储路径	资源\0000000000000\20071226162533\1
是否修改	是
元数据是否齐全	是
内容是否正确	是

3.1.4　音频

(1)数字化

采用狸窝超级全能视频转换器软件对测试数据 CD 进行数字化,抓取音轨为 WAV 格式,转换为 MP3 格式,采用长期保存级进行采集加工管理。

参数如下表 3-7 所示。

表 3-7　音频数据加工技术参数

资源内容	主要参数			文件格式及压缩方法
	采样率	量化级	通道数	
CD	44. 1kHz	16bit	多声道	WAV:不压缩或无损压缩

(2)采集加工阶段的元数据

名称:红豆

日期:2004-03-24

类型:音乐

格式:wav

语种:中文

来源:购买

标识符:1. 1/20100110163504

权限:公开

时空范围:21 世纪中国

创建者:王菲

主题:流行音乐

描述:红豆

出版者:EMI

其他责任者:EMI

关联:王菲

专辑名称:唱游全集(套装)

发行公司:EMI

版号(NO):0724357758406

出版时间:2004 - 03 - 24

条码:724357758406

音乐类别:流行

语言:国语 + 粤语

重量:952 克

标准价:¥29.5

(3)质量控制

对测试数据进行质量检验,检验结果如下表 3 - 8 所示。

表 3 - 8　图像数据质量检验结果

检验项目	检验结果
加工文件名	红豆
系统文件名	20100110163504
附属文件	20100110163033.jpg
存储路径	资源\0000000000000\20100110161525\3
是否修改	是
元数据是否齐全	是
内容是否正确	是

3.1.5　视频

(1)数字化

采用狸窝超级全能视频转换器软件对测试数据 VCD 进行数字化,采用长期保存级进行采集加工管理。

参数如下表 3 - 9 所示。

表 3-9　视频数据加工技术参数

资源类型		主观质量描述	主要参数					
			分辨率	帧速（帧/秒）	视频速率	音频速率（kbps）	音频采样	文件格式
中国古典舞身韵	MPEG-1 VCD	VCD	720×576	15/25	1152 kbps 的固定码率	224	44.1khz 立体声	MPEG-1 编码

(2)采集加工阶段的元数据

名称:袖舞训练教材(VCD)

名称:中国古典舞身韵

日期:2009.10

类型:舞蹈

格式:wmv

语种:中文

来源:北京舞蹈学院

标识符:1.1/20100110164448

权限:公开

时空范围:2008 中国

创建者:国家图书馆

主题:舞蹈教材

描述:北京舞蹈学院中国古典舞系教材系列 中国古典舞身韵 袖舞训练教材

出版者:北京环球音像出版社

其他责任者:北京天天文化有限公司总经销

关联:北京舞蹈学院中国古典舞系教材系列

演员:未知艺术家

介质:VCD

碟片数:1 片

市场参考价:￥25

(3)质量控制

对测试数据进行质量检验,检验结果如下表 3-10 所示。

表 3-10　视频数据质量检验结果

检验项目	检验结果
加工文件名	中国古典舞身韵
系统文件名	20100110164448
附属文件	20100111132310. jpg
存储路径	资源\00000000000000\20100110161702\6
是否修改	是
元数据是否齐全	是
内容是否正确	是

3.1.6　复合数据

复合数据中包含了图片和视频,数字化过程参照本部分“3.1.3 图像数字化”和“3.1.5 视频数字化”。

采集加工阶段的元数据

名称:幻灯图集_四川汶川发生 8 级地震_新闻中心_腾讯网

主题:四川,汶川,8 级,地震,北京;四川汶川发生 8 级地震

描述:四川汶川发生 8 级地震

时空范围:现代

来源:国家图书馆

关联:国家图书馆呈缴资源

语种:中文

创建者:腾讯网;国家图书馆

出版者:国家图书馆

其他责任者:腾讯网

权限:公开

格式:arc

类型:网络抓取

日期:2011-07-16

唯一标识符:20110712104107

长期保存对象:网络抓取 <file>\\\\20110712104229. arc</file><yt>存档</yt><type>其他文件</type>

3.1.7　资源验收

对采集加工的数字资源进行验收,填写《数字资源加工验收单》。

表 3－11　数字资源加工验收单

<table>
<tr><td>验收单编号</td><td colspan="3">YS-20100107-1</td><td colspan="2">日期</td><td>20100107</td></tr>
<tr><td>申请验收部门</td><td colspan="5">数字资源部</td><td rowspan="16">申请验收部门
领导批示</td></tr>
<tr><td>经办人</td><td colspan="2">杨婧</td><td colspan="2">申请日期</td><td>20100107</td></tr>
<tr><td>承接验收部门</td><td colspan="5">质检部</td></tr>
<tr><td>经办人</td><td colspan="2">孙祎</td><td colspan="2">接收日期</td><td>20100107</td></tr>
<tr><td colspan="6">加工情况说明</td></tr>
<tr><td>加工对象</td><td colspan="5">□文本 □图像 □音频 □视频 √复合对象</td></tr>
<tr><td>采集方式</td><td colspan="5">√自建 □外采 □呈缴 □网络公开</td></tr>
<tr><td>数据总数</td><td colspan="5">269</td></tr>
<tr><td>加工及验收标准</td><td colspan="5">数据库文件:10
图片:254
视频:4
音频:1</td></tr>
<tr><td>加工完成时间</td><td colspan="5">20100107</td></tr>
<tr><td colspan="3">是否核对资源</td><td colspan="2">√是</td><td>□否</td></tr>
<tr><td colspan="3">是否存在问题数据</td><td colspan="2">□是</td><td>√否</td></tr>
<tr><td rowspan="3">加工提交情况</td><td colspan="2">可用数据（条）</td><td colspan="2">不可用数据（条）</td><td rowspan="2">加工合计（条）</td></tr>
<tr><td>完全可用</td><td>待拯救可用</td><td>不可用</td><td>重复</td></tr>
<tr><td>64</td><td>0</td><td>0</td><td>0</td><td>64</td></tr>
<tr><td colspan="6">备注:</td></tr>
<tr><td colspan="6">验收情况说明</td><td rowspan="8">承接验收部门
领导批示</td></tr>
<tr><td>验收人员</td><td colspan="2">马超</td><td colspan="2">完成日期</td><td>20100108</td></tr>
<tr><td rowspan="3">验收抽检情况</td><td colspan="2">可用数据（条）</td><td colspan="2">不可用数据（条）</td><td rowspan="2">抽检合计（条）</td></tr>
<tr><td>完全可用</td><td>待拯救可用</td><td>不可用</td><td>重复</td></tr>
<tr><td>64</td><td>0</td><td>0</td><td>0</td><td>64</td></tr>
<tr><td rowspan="2">验收抽检结果</td><td colspan="2">加工错误量（条）</td><td>加工错误率（%）</td><td colspan="2">问题数据量（条）</td></tr>
<tr><td colspan="2">0</td><td>0</td><td colspan="2">0</td></tr>
<tr><td>验收是否通过</td><td>√是</td><td>□否</td><td colspan="3"></td></tr>
</table>

3.2 资源保存

3.2.1 保存元数据

保存阶段增加以下元数据信息：

(1)文本数据

识别工具:TH－OCR 2007 数据录入工厂

(2)图像数据

分辨率:300ppi

色彩:RGB

色彩位深:32 位

(3)音频数据

采样频率:44.1kHz

比特率:16bit

通道数:2

压缩:WAV

(4)视频数据

视频制式:PAL

画面宽高:16:9

分辨率:720×576

色彩:RGB

采样频率:44.1khz

比特率:16bit

通道数:2

音频采样:224 Kbps

编码格式:WMV3

视频码率:507kbps

帧速:25fps

分辨率:352×264

显示比率:1.333

编码格式:161

音频码率:128kbps

3.2.2 介质保存

将通过验收的测试数据分别刻录在两份 DVD 光盘上,同时保存一份在硬盘上。

说明文件内容如下：

文件数量:269

实体数量:光盘、硬盘

文件格式:JPG\MDF\XML\MP3\WMV

加工参数:分辨率:1024×768、数据库:SQL Server2005

加工时间:2011-01-07

加工单位:中国数字图书馆有限责任公司

3.2.3 库房管理

数据备份介质存入库房保存,填写《数字资源入库单》。

表3-12 数字资源入库单

<table>
<tr><td>入库单编号</td><td colspan="2">RK-20110108-01</td><td>日期</td><td>20110108</td></tr>
<tr><td>资源提交部门</td><td colspan="3">数字资源部</td><td></td></tr>
<tr><td>经办人</td><td>马亚帅</td><td>申请日期</td><td>20110108</td><td rowspan="4">资源提交部门
领导批示</td></tr>
<tr><td>资源接收部门</td><td colspan="3">库存部</td></tr>
<tr><td>经办人</td><td>吕游</td><td>接收日期</td><td>20110109</td></tr>
<tr><td colspan="4">入库情况说明</td></tr>
<tr><td>入库对象</td><td colspan="3">FH-20110108-1</td><td rowspan="6">资源接收部门
领导批示</td></tr>
<tr><td>验收单编号</td><td colspan="3">YS-20100107-1</td></tr>
<tr><td>资源数量</td><td>269</td><td>资源格式</td><td>JPG\MDF\XML\
MP3\WMV</td></tr>
<tr><td>所需载体</td><td>DVD</td><td>资源容量</td><td>3.3G</td></tr>
<tr><td>文件数量</td><td colspan="3">269</td></tr>
<tr><td colspan="4">备注:</td></tr>
</table>

数据备份介质外借出库房,填写《数字资源出库单》。

表3-13 数字资源出库单

<table>
<tr><td>出库单编号</td><td colspan="2">CK-20110110-01</td><td>日期</td><td>20110110</td></tr>
<tr><td>申请输出部门</td><td colspan="3">数字资源加工部</td><td></td></tr>
<tr><td>经办人</td><td>宋玉川</td><td>申请日期</td><td>20110110</td><td rowspan="4">申请输出部门
领导批示</td></tr>
<tr><td>承接输出部门</td><td colspan="3">库存部</td></tr>
<tr><td>经办人</td><td>吕游</td><td>接收日期</td><td>20110110</td></tr>
<tr><td colspan="4">出库情况说明</td></tr>
</table>

续表

<table>
<tr><td>出库单编号</td><td colspan="2">CK－20110110－01</td><td>日期</td><td>20110110</td></tr>
<tr><td>出库对象</td><td colspan="3">FH－20110108－1</td><td rowspan="7">承接出库部门
领导批示</td></tr>
<tr><td>资源入库单编号</td><td>RK－20110108－01</td><td>验收单编号</td><td>YS－20100107－1</td></tr>
<tr><td>资源数量</td><td>269</td><td>资源格式</td><td>Jpg\MDF\XML\
MP3\WMV</td></tr>
<tr><td>所需载体</td><td>DVD</td><td>资源容量</td><td>3.3G</td></tr>
<tr><td>输出方向</td><td colspan="3">数字资源加工部</td></tr>
<tr><td>用途说明</td><td colspan="3">资源二次加工</td></tr>
<tr><td colspan="4">备注：</td></tr>
</table>

3.3 资源发布

3.3.1 发布管理

测试数据资源发布前填写《数字资源发布单》。

表 3－14 数字资源发布单

<table>
<tr><td>发布单编号</td><td colspan="2">FB－20110112－01</td><td>日期</td><td>20110112</td></tr>
<tr><td>申请发布部门</td><td colspan="3">市场部</td><td rowspan="5">申请发布部门
领导批示</td></tr>
<tr><td>经办人</td><td>胡乔帆</td><td>申请日期</td><td>20110112</td></tr>
<tr><td>承接发布部门</td><td colspan="3">数字资源加工部</td></tr>
<tr><td>经办人</td><td>马亚帅</td><td>接收日期</td><td>20110113</td></tr>
<tr><td colspan="4">发布情况说明</td></tr>
<tr><td>发布对象</td><td colspan="3">FH－20110108－1</td><td rowspan="8">承接发布部门
领导批示</td></tr>
<tr><td>资源入库单编号</td><td>RK－20110108－01</td><td>验收单编号</td><td>YS－20100107－1</td></tr>
<tr><td>出库单编号</td><td>CK－20110110－01</td><td></td><td></td></tr>
<tr><td>资源数量</td><td>269</td><td>资源格式</td><td>Jpg\MDF\XML\
MP3\WMV</td></tr>
<tr><td>所需载体</td><td>DVD</td><td>资源容量</td><td>3.3G</td></tr>
<tr><td>发布方向</td><td colspan="3">公网发布</td></tr>
<tr><td>用途说明</td><td colspan="3">图书馆资源发布</td></tr>
<tr><td colspan="4">备注：</td></tr>
</table>

3.3.2 文本数据

对文本测试数据进行发布操作，采用发布服务级进行发布管理。

(1)发布数据编码

表 3-15 文本数据发布技术参数

文献类型/规格	图像分辨率(ppi)	色彩位深	允许的编辑加工	文件格式压缩算法
普通图书类	96	黑白	锐化，裁切，纠偏，去噪，色彩管理	PDF

(2)发布阶段的元数据

名称：全国文化信息资源共享工程数据共享技术探索

责任方式：作者

责任者：徐周亚 镇锡惠

责任者机构：北京中数创新技术有限公司

责任者联络方式：xuzy@ cdi. cn

关键词：文化共享工程 信息共享 元数据共享格式 元数据通讯协议

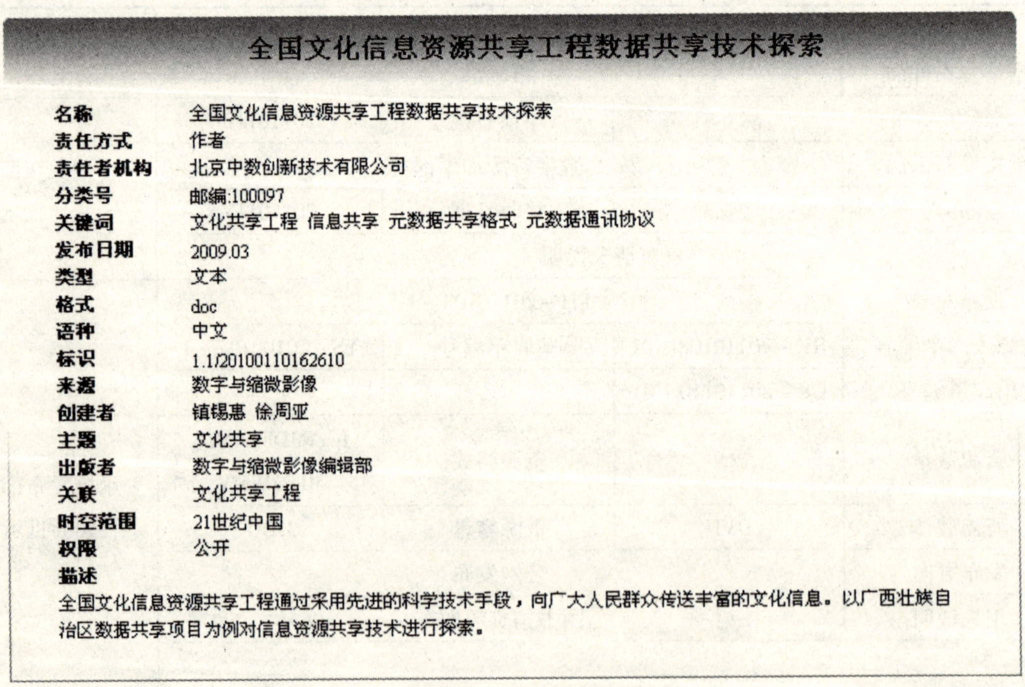
全国文化信息资源共享工程数据共享技术探索

名称	全国文化信息资源共享工程数据共享技术探索
责任方式	作者
责任者机构	北京中数创新技术有限公司
分类号	邮编:100097
关键词	文化共享工程 信息共享 元数据共享格式 元数据通讯协议
发布日期	2009.03
类型	文本
格式	doc
语种	中文
标识	1.1/20100110162610
来源	数字与缩微影像
创建者	镇锡惠 徐周亚
主题	文化共享
出版者	数字与缩微影像编辑部
关联	文化共享工程
时空范围	21世纪中国
权限	公开

描述

全国文化信息资源共享工程通过采用先进的科学技术手段，向广大人民群众传送丰富的文化信息。以广西壮族自治区数据共享项目为例对信息资源共享技术进行探索。

图 3-10 文本数据发布效果 1

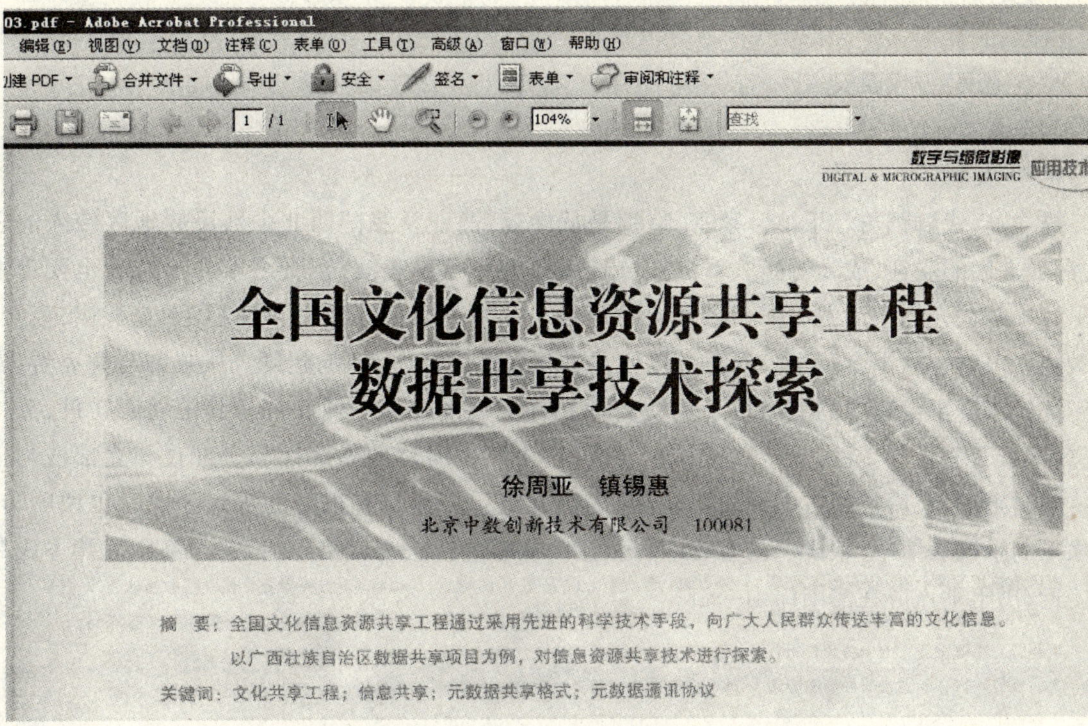

图 3－11 文本数据发布效果 2

3.3.3 图像

(1)发布服务级

参数如下表 3－16 所示。

表 3－16 图像数据发布技术参数

文献类型/规格	图像分辨率(ppi)	色彩位深	允许的编辑加工	文件格式压缩算法
照片彩页绘画类	72	8 位	锐化，裁切纠偏，去噪；成比例扩展，最低限度的调整彩色和色调	JPG

(2)发布阶段的元数据信息

名称：舞俑

日期：2007.05

类型：文物

格式：JPG

语种：中文

来源：自建

标识符:1.1/20100110162610

权限:公开

时空范围:古代西安

创建者:古代手工艺者

主题:文物

描述:唐代舞蹈与音乐结合紧密,特别是从中亚、西亚及我国西北少数民族地区传入的乐舞,深受人们的欢迎,成为时尚。不仅在节日庆典上有歌舞表演,富贵之家外出郊游也要带上伎乐。乐舞在人们生活中占据相当重要的位置。此女舞俑上穿翻领半袖衫,下着长裙,束腰,头微侧。两臂一上举,一下垂,双腿一侧伸,一屈曲,腰肢轻扭,翩翩起舞。从服饰与舞姿看,属于传统汉族舞蹈范畴内的“软舞”。与女舞俑相伴而出的还有乐俑5件。其中立者3件,分持琵琶、排箫、笙;坐者2件,分持钹、腰鼓。身份仿史籍中所称的立部伎与坐部伎。立部伎与坐部伎同时出现,在唐代考古中尚属罕见,它表明此组乐舞俑具有很高的等级。同时也说明,在高水平的乐舞表演中,软舞仍占有相应的位置。从雕塑技法与风格分析,它与洛阳孟津岑氏墓俑接近,出土地点应在洛阳邙山一带。

舞俑

名称	舞俑
关键词	文物 舞俑
类型	文物
格式	JPG
语种	中文
标识	1.1/20100110162610
来源	自建
创建者	古代手工艺者
主题	文物
其他责任者	摄影:宋玉川
日期	2007.05
出版者	国家图书馆
关联	洛阳孟津岑氏墓俑
时空范围	古代西安
权限	公开

描述

唐代舞蹈与音乐结合紧密,特别是从中亚、西亚及我国西北少数民族地区传入的乐舞,深受人们的欢迎,成为时尚。不仅在节日庆典上有歌舞表演,富贵之家外出郊游也要带上伎乐。乐舞在人们生活中占据相当重要的位置。此女舞俑上穿翻领半袖衫,下着长裙,束腰,头微侧。两臂一上举,一下垂,双腿一侧伸,一屈曲,腰肢轻扭,翩翩起舞。从服饰与舞姿看,属于传统汉族舞蹈范畴内的“软舞”。与女舞俑相伴而出的还有乐俑5件。其中立者3件,分持琵琶、排箫、笙;坐者2件,分持钹、腰鼓。身份仿史籍中所称的立部伎与坐部伎。立部伎与坐部伎同时出现,在唐代考古中尚属罕见,它表明此组乐舞俑具有很高的等级。同时也说明,在高水平的乐舞表演中,软舞仍占有相应的位置。从雕塑技法与风格分析,它与洛阳孟津岑氏墓俑接近,出土地点应在洛阳邙山一带。

图3-12 图像数据发布效果1

图 3－13　图像数据发布效果 2

3.3.4　音频

(1)发布服务级

参数如下表 3－17 所示。

表 3－17　音频数据发布技术参数

主要参数			推荐格式
比特率/采样率	量化级	通道数	
64 kbps/44.1kHz	16 bit	双声道	MP3

(2)发布阶段的元数据信息

名称:红豆

日期:2004－03－24

类型:音乐

格式:wav

语种:中文

来源:购买

标识符:1.1/20100110163504

权限:公开

时空范围:21 世纪中国

创建者:王菲

主题:流行音乐

描述:红豆

出版者:EMI

其他责任者:EMI

关联:王菲

专辑名称:唱游全集(套装)

发行公司:EMI

版号(NO):0724357758406

出版时间:2004 - 03 - 24

条码:724357758406

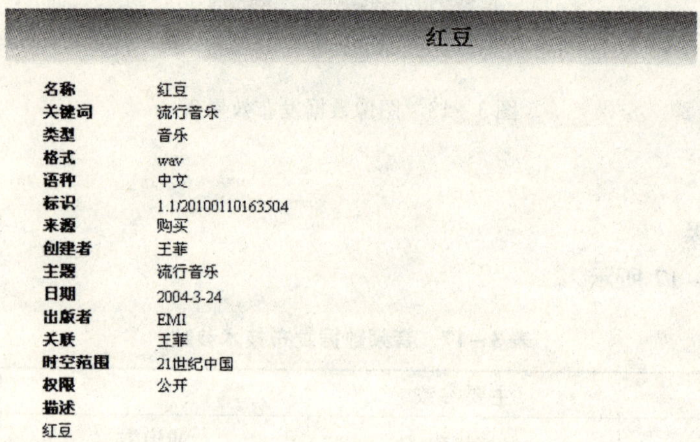

红豆

名称	红豆
关键词	流行音乐
类型	音乐
格式	wav
语种	中文
标识	1.1/20100110163504
来源	购买
创建者	王菲
主题	流行音乐
日期	2004-3-24
出版者	EMI
关联	王菲
时空范围	21世纪中国
权限	公开
描述	

红豆

图 3 - 14　音频数据发布效果 1

图 3 - 15　音频数据发布效果 2

3.3.5 视频

(1)发布服务级

参数如下表 3－18 所示。

表 3－18 视频数据发布技术参数

主要参数				
视频速率(kbps)	音频速率	帧速(帧/秒)	音频采样	建议编码
46	16 k	15	立体声 44.1 kHz	WMV

(2)发布阶段的元数据信息

名称:袖舞训练教材

名称:中国古典舞身韵

日期:2009.10

类型:舞蹈

格式:wmv

语种:中文

来源:北京舞蹈学院

标识符:1.1/20100110164448

权限:公开

时空范围:2008 中国

创建者:国家图书馆

主题:舞蹈教材

描述:北京舞蹈学院中国古典舞系教材系列 中国古典舞身韵 袖舞训练教材

出版者:北京环球音像出版社

其他责任者:北京天天文化有限公司总经销

关联:北京舞蹈学院中国古典舞系教材系列

中国古典舞身韵

名称	中国古典舞身韵
关键词	流行音乐
类型	舞蹈
格式	wmv
语种	中文
标识	1.1/20100110164448
来源	北京舞蹈学院
创建者	国家图书馆
主题	舞蹈
其他责任者	北京天天文化有限公司总经销
日期	2009.10
出版者	北京环球音像出版社
关联	北京舞蹈学院中国古典舞系教材系列
时空范围	2008中国
权限	公开
描述	

北京舞蹈学院中国古典舞系教材系列 中国古典舞身韵 袖舞训练教材

图 3－16　视频数据发布效果 1

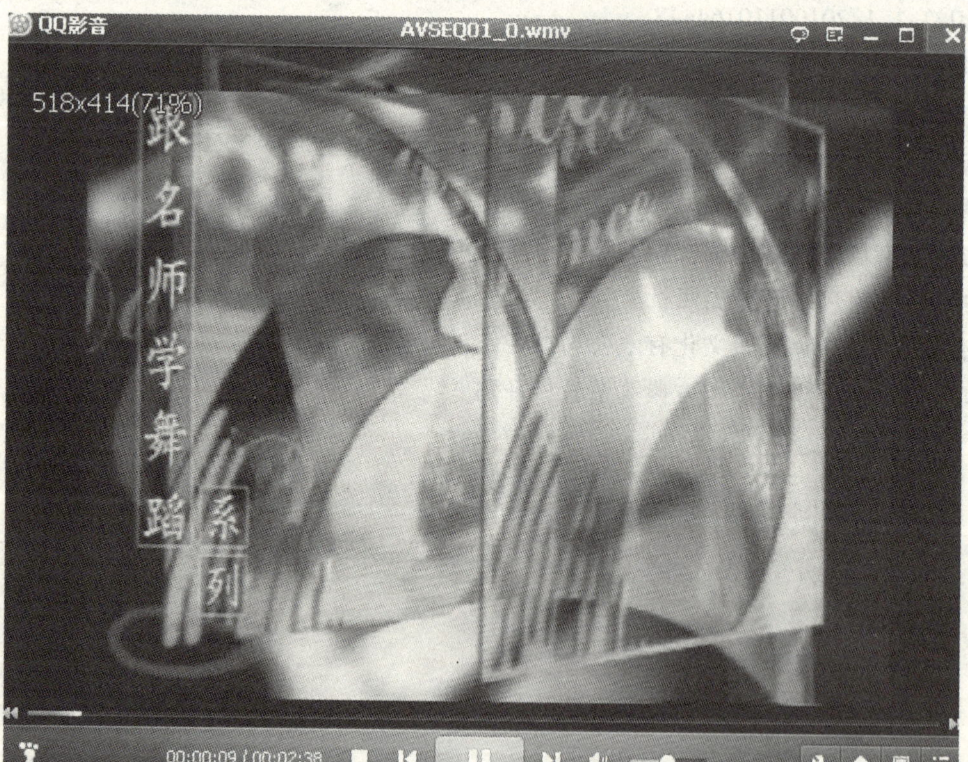

图 3－17　视频数据发布效果 2

3.3.6 复合数据

发布阶段的元数据信息

名称:幻灯图集_四川汶川发生8级地震_新闻中心_腾讯网

主题:四川,汶川,8级,地震,北京;四川汶川发生8级地震

描述:四川汶川发生8级地震

时空范围:现代

来源:国家图书馆

关联:国家图书馆呈缴资源

语种:中文

创建者:腾讯网;国家图书馆

出版者:国家图书馆

其他责任者:腾讯网

发布效果如下:

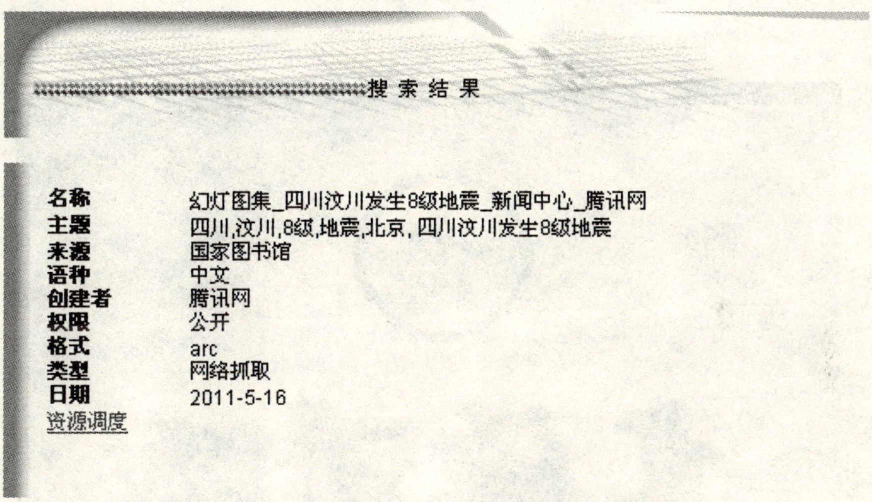

图3-18　复合数据发布效果1

复合数据 - MARC 数据(国家图书馆征集原始数据 - 山西讲座)发布效果如下：

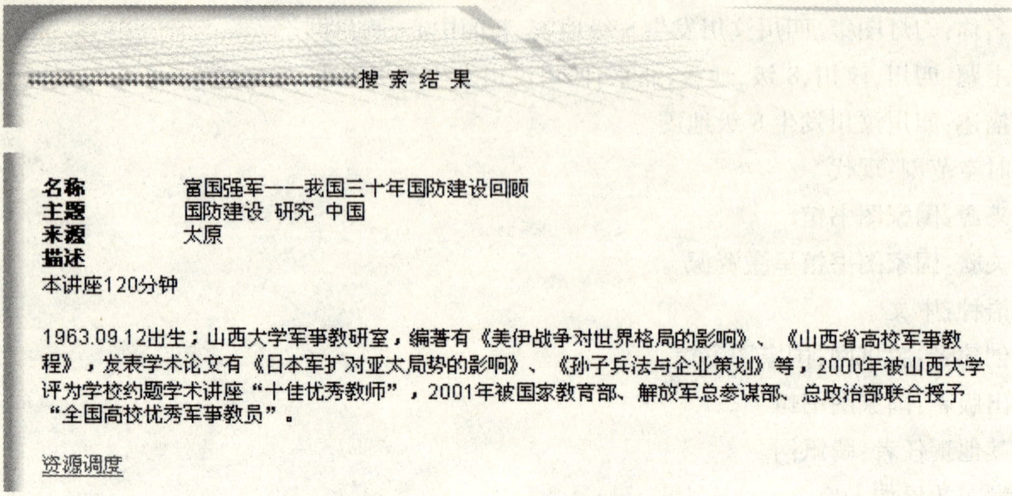

图 3 - 19　复合数据发布效果 2

图 3 - 20　复合数据发布效果 3

复合数据－MARC 数据(国家图书馆征集原始数据－辽宁图书馆数据)发布如下:

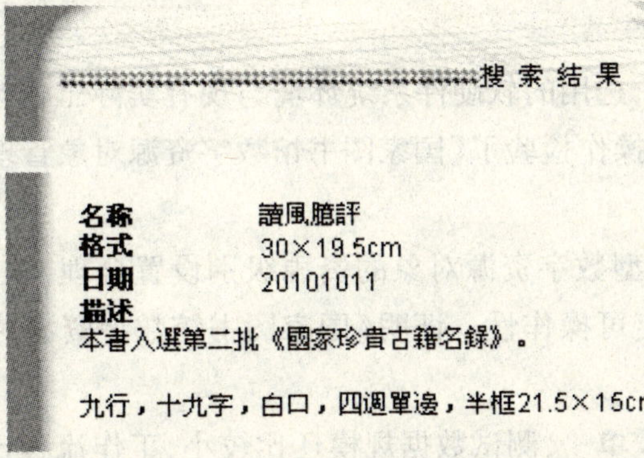
搜索结果

名称 讀風臆評
格式 30×19.5cm
日期 20101011
描述
本書入選第二批《國家珍貴古籍名録》。

九行,十九字,白口,四週單邊,半框21.5×15cm,金鑲玉。

图 3－21　复合数据发布效果 4

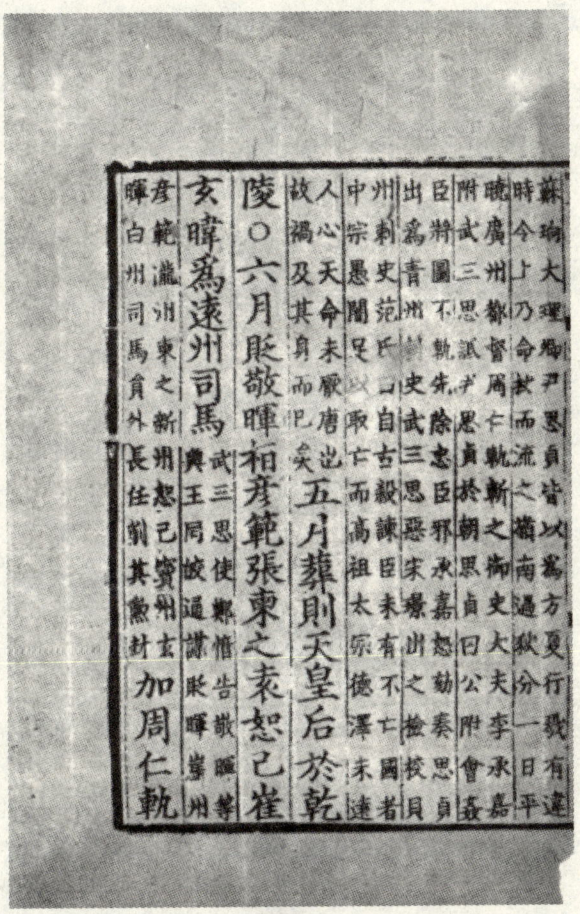
蘇珦大理卿尹思貞皆以爲方夏行戮有違
時令上乃命收而流之嶺南逼獄分一日平
曉廣州都督周仁軌斬之御史大夫李承嘉
附武三思詆尹思貞於朝思貞曰公附會姦
臣將圖不軌先除忠臣邪承嘉怒劾奏思貞
出爲青州刺史武三思惡宋璟出之檢校貝
州刺史范氏曰自古殺諫臣未有不亡國者
中宗愚闇足以取亡而高祖太宗德澤未遠
人心天命未厭唐也故禍及其身而已矣五月葬則天皇后於乾
陵○六月貶敬暉桓彥範張柬之袁恕己崔
玄暐爲遠州司馬武三思使鄭愔告敬暉等與王同皎通謀貶暉崖州
彥範瀧州柬之新州恕己竇州玄暐白州司馬員外長任猶其勲封加周仁軌

图 3－22　复合数据发布效果 5

4　试验结论

一致性测试的试验方案设计合理，选用的软硬件系统环境与现有实际工作吻合，通过测试数据的采集加工、保存、发布过程模拟操作检验了《国家图书馆数字资源对象管理规范》的应用情况。

通过本次开发试验验证了不同类型数字资源对象的资源级别设置合理，软硬件需求符合实际需求、工作流程与规章制度有一定可操作性。证明《国家图书馆数字资源对象管理规范》符合实际操作要求。

由于试验条件限制，数据来源比较单一，测试数据规模还比较小，工作流程比较简单，未来可以在此基础之上增加数据类型，加大数据量同时开展大并发试验。

附录

（资料性附录）

数字资源对象实验报告发布元数据样例

1. 名称：舞俑西汉

描述：西汉（公元前206—公元8年）高：51cm，此俑是西汉时期的，形貌端庄温柔恬静，发髻后垂，尾部挽成扁平式发髻，面貌俊美秀雅，带着甜蜜的微笑。头部微微偏向右侧，上身前倾。右手向上扬起，漂浮的长袖落在右肩上，左手随着乐曲向后摆长袖，她内穿交领的长袖舞衣，外罩宽袖舞袍，袍袖轻盈摆动，似乎正随着音乐的节拍翩翩起舞。此俑成功地塑造了舞女婀娜多姿的形体和优雅恬静的神情，是汉代陶塑艺术的杰作。

时空范围：古代；现代

来源：北京舞蹈学院；国家图书馆

关联：国家图书馆呈缴资源

语种：中文

创建者：拥有者 孙津；征集人 闫晶；国家图书馆

出版者：北京环球音像出版社；国家图书馆

其他责任者：陕西汉唐朗庭文化艺术中心（复制）陕西西安

权限：公开

格式：jpg；tif

类型：道具；图片

日期：征集时间 2007－05；2011－07－16

唯一标识符：1.1/20100110164813

长期保存对象：\\127.0.0.1\资源\0000000000000\20080000000003\1\5\20100110164813.tif

发布服务对象：\\127.0.0.1\资源\0000000000000\20080000000003\1\5\20100110164813.jpg

2. 名称：幻灯图集_四川汶川发生8级地震_新闻中心_腾讯网

主题：四川，汶川，8级，地震，北京；四川汶川发生8级地震

描述：四川汶川发生8级地震

时空范围：现代

来源：国家图书馆

关联：国家图书馆呈缴资源

语种:中文

创建者:腾讯网;国家图书馆

出版者:国家图书馆

其他责任者:腾讯网

权限:公开

格式:arc

类型:网络抓取

日期:抓取时间 2011 - 05 - 16;2011 - 07 - 16

唯一标识符:1.1/20110712104107

长期保存对象:\\127.0.0.1\资源\00000000000000\20080000000003\1\5\ 20110712104107.arc

发布服务对象:\\127.0.0.1\资源\00000000000000\20080000000003\1\5\ 20110712104107.arc

3.名称:晋商

主题:晋商;商业史

描述:无标题本讲座 120 分钟

时空范围:太原;现代

来源:晋商与走西口;国家图书馆

关联:国家图书馆呈缴资源

语种:中文

创建者:国家图书馆

出版者:国家图书馆

其他责任者:

权限:公开

格式:wmv

类型:视频

日期:2011 - 07 - 16

唯一标识符:1.1/20100110170002

长期保存对象:\\127.0.0.1\资源\00000000000000\20080000000003\1\5\20100110170002.wmv

发布服务对象:\\127.0.0.1\资源\00000000000000\20080000000003\1\5\20100110170002.wmv

4.名称:晋商与走西口

主题:晋商;商业史

描述:降大任:1943.04.03 出生;晋阳文化研究会副会长,山西省著名的历史学家、文化学家、文艺评论家、诗人，山西省社科院研究员，文化学首席科学家，1994年获得国务院专家津贴，是原《晋阳学刊》的主编，是山西省历史学会理事、山西党史学会副会长、中国元好问(学会)副会长。出版著作有《武则天》《话说山西》《元遗山新论》《咏史诗注析》《黄河古诗词》等，主要编著有《侯马盟书》增订本，参与编著的有《山西名人词典》《中国现代社会科学家传略》等，发表论文近200篇。

时空范围:现代

来源:太原;国家图书馆

关联:国家图书馆呈缴资源

语种:中文

创建者:国家图书馆

出版者:国家图书馆

其他责任者:

权限:公开

格式:文本

类型:书目数据

日期:2011-07-16

唯一标识符:1.1/20100110170003

5. 名称:金庸小说的江湖探究

主题:侠义小说;文学研究

描述:徐慧琴:1968.05.27出生;太原师范学院文学院的文学博士;主要从事现当代文学的研究，近年来出版的专著有《20世纪中国游记散文研究》，论著有《中国现当代文学通史》《中国散文大系》《中国新时期散文研究资料汇编》以及《中国现当代文学教程指要》等，发表的论文主要是在《文艺争鸣》《当代文坛》等国家级和省级刊物，有20多篇。徐老师的专著曾获得过2006年度山西省社会科学优秀成果"百部工程"二等奖。

时空范围:现代

来源:太原;国家图书馆

关联:国家图书馆呈缴资源

语种:中文

创建者:国家图书馆

出版者:国家图书馆

其他责任者:

权限:公开

格式:文本

类型:书目数据

日期:2011-07-16

唯一标识符:1.1/20100110170004

6.名称:如何看待孩子的情感问题

主题:情感

描述:张惠清:1949.06.24 出生;现任中华预防医学会青春期保健学组委员、山西医科大学兼职教授、山西省妇幼保健院主任医师、省优专家,从事儿科、妇科和青少年保健科的临床与保健工作三十余年,专攻妇女保健和青少年保健,擅长心理咨询和常见疾病的中西医诊治。在省内外多种报刊和杂志上发表保健类科普文章近百篇,成果非常丰硕。

时空范围:现代

来源:太原;国家图书馆

关联:国家图书馆呈缴资源

语种:中文

创建者:国家图书馆

出版者:国家图书馆

其他责任者:

权限:公开

格式:文本

类型:书目数据

日期:2011-07-16

唯一标识符:1.1/20100110170005

7.名称:谈女性职场维权

主题:女性;成功心理学

描述:李明舜:1964.01.07 出生;法学教授,现任中华女子学员副院长,兼有北京市立法咨询专家、北京市人民政府制定《妇女发展纲要》专家组成员等职务,并且是中央电视台《今日说法》《法律讲堂》《大家看法》《半边天》等著名栏目的特邀嘉宾,主要研究领域是婚姻家庭继承法学、妇女人权、妇女法学、民法学,出版《女权》《女权与法律保障研究》《婚姻法中的救助措施与法律责任》等著作 28 部,发表论文 30 多篇,并多次参与立法活动,2001 年参与了《婚姻法》修改,2002 年参与了《民法典亲属编》的制订,是 2003 年到 2005 年《妇女权益保障法》的修改专家组成员,曾获得北京市哲学社会科学优秀成果二等奖、全国法制宣传教育先进个人、联合国妇女发展基金会反家暴杰出贡献奖。

时空范围:现代

来源:太原;国家图书馆

关联:国家图书馆呈缴资源

语种:中文

创建者:国家图书馆

出版者:国家图书馆

权限:公开

格式:文本

类型:书目数据

日期:2011 - 07 - 16

唯一标识符:1.1/20100110170006

8.名称:做知性美丽的你——谈女性社交礼仪

主题:女性;人际交往

描述:方改娥:1963.05.19 出生;太原理工大学文法学院副教授,中国人民大学硕士,山西一方礼仪文化传播工作室及一方礼仪网创办人,中国悠悠网特聘礼仪专家,太原理工大学礼仪文化协会会长,山西省当代儒学研究会理事,中国国际茶文化研究会理事,山西省茶叶展评组委员会特聘专家,国家职业技能茶艺师培训考评师,专注大学生实用礼仪,和他人共同编著了《走进茶道》《现代公共礼仪》等书。

时空范围:现代

来源:太原;国家图书馆

关联:国家图书馆呈缴资源

语种:中文

创建者:国家图书馆

出版者:国家图书馆

权限:公开

格式:文本

类型:书目数据

日期:2011 - 07 - 16

唯一标识符:1.1/20100110170007

9.名称:清明节的来源:与文化内涵

主题:节日;风俗习惯;中国

描述:降大任:1943.04.03 出生;晋阳文化研究会副会长,山西省著名的历史学家、文化学家、文艺评论家、诗人,山西省社科院研究员,文化学首席科学家,1994 年获得国务院专家津贴,是原《晋阳学刊》的主编,是山西省历史学会理事、山西党史学会副会长、中国元好问(学会)副会长。出版著作有《武则天》《话说山西》《元遗山新论》《咏史诗注析》《黄河古诗词》等,主要编著有《侯马盟书》增订本,参与编著有《山西名人词典》《中国现代社会科学家传略》等,发表论文近 200 篇。

时空范围:现代

来源:太原;国家图书馆

关联:国家图书馆呈缴资源

语种:中文

创建者:国家图书馆

出版者:国家图书馆

权限:公开

格式:文本

类型:书目数据

日期:2011 -07 -16

唯一标识符:1.1/20100110170008

10. 名称:给阅读一个机会 还人生一个奇迹

主题:读书方法;阅读学

描述:李金山:1973.10.23 出生;1997 年毕业于吉林大学哲学系,山西省作家协会文学理论研究室,已经有百余万字发表,作品以散文为主,近些年潜心研究宋史,著有《重说司马光》。王姝:1978.12.10 出生;山西省作家协会文学理论研究室,毕业于中国传媒大学硕士,研究方向为戏剧影视文学。

时空范围:现代

来源:太原;国家图书馆

关联:国家图书馆呈缴资源

语种:中文

创建者:国家图书馆

出版者:国家图书馆

权限:公开

格式:文本

类型:书目数据

日期:2011 -07 -16

唯一标识符:1.1/20100110170009

11. 名称:《红楼梦》的艺术成就

描述:李正民:1940.07.14 出生;山西大学文学院的教授,山西昔阳县人,1963 年山西大学中文系毕业,1981 年中文系古代文学研究生毕业,获得硕士学位,现在是山西大学文学院的教授、硕士生导师,先后开课十门,指导研究生获得硕士学位者 33 人,独撰、主编、参编、审定论著 40 余种,在《文学遗产》《民族文学研究》《中华戏曲》《明清小说研究》《中国政协报》等报刊发表论文、散文、诗歌、小说 100 余篇,并兼任中国辽金文学学会副会长、国家社会科学基金成果鉴定专家,山西省古迹整理委员会委员、山西省教学指导委员会委员、山西省纪检监察干部培训中心特聘教授,李老师的小篆被收入《中国当代教育名人大辞典》《中国社会科学家大辞典》《世界文化名人辞海》等,他的论文被收入《中国教育大经典》《中华学人理论文献》《世界学术文库》等。

时空范围:现代

来源:太原;国家图书馆

关联:国家图书馆呈缴资源

语种:中文

创建者:国家图书馆

出版者:国家图书馆

权限:公开

格式:文本

类型:书目数据

日期:2011 -07 -16

唯一标识符:1.1/20100110170009

12. 名称:聚焦海军阅兵

主题:海军

描述:倪宁:山西大学军事教研室,编著有《美伊战争对世界格局的影响》《山西省高校军事教程》,发表学术论文有《日本军扩对亚太局势的影响》《孙子兵法与企业策划》等,2000 年被山西大学评为学校约题学术讲座"十佳优秀教师",2001 年被国家教育部、解放军总参谋部、总政治部联合授予"全国高校优秀军事教员"。

时空范围:现代

来源:太原;国家图书馆

关联:国家图书馆呈缴资源

语种:中文

创建者:国家图书馆

出版者:国家图书馆

权限:书目数据

格式:公开

类型:文本

日期:2011 -07 -16

唯一标识符:1.1/20100110170010

13. 名称:探源美国崛起

主题:政治;研究;美国

描述:王荣声:1943.06.13 出生;山西大学历史文化学院的教授,硕士生导师,历史系世界史教研室主任,山西大学教学指导委员会委员,中国世界近代史研究会理事。1967 年毕业于北京师范大学历史系,1985 年至 1987 年赴美国乔治敦大学历史系进修。长期从事世界近代史的教学与研究,曾获得山西大学"校级教学名师"、省"优秀教学成果二等奖",省级"精品课程"等多项奖励,并且发表论文 40 余篇,著有《近代世界重大问题理论探讨》《发现的世纪》《进取的年代》等著作,曾先后获中国世界近代史研究会"优秀论文二等奖"、山西省第三次社会科学研究“优秀成果二等奖”,中国档案学会第四次档案学优秀成果,学术论文类一等奖。

时空范围:现代

来源:太原;国家图书馆

关联:国家图书馆呈缴资源

语种:中文

创建者:国家图书馆

出版者:国家图书馆

权限:公开

格式:文本

类型:书目数据

日期:2011-07-16

唯一标识符:1.1/20100110170011

14. 名称:中美关系回顾与发展

主题:中美关系;国际关系史

描述:刘振霞:1966.03.07出生;现任太原理工大学文法学院副教授,主要从事国际政治、国际关系等方面的教学与研究,发表论文20多篇,涉及美国对外政策、俄罗斯对外政策及全球化问题分析,出版《当代世界经济与政治》《形势与政策》等著作,被聘为社科院客座研究员。

时空范围:现代

来源:太原;国家图书馆

关联:国家图书馆呈缴资源

语种:中文

创建者:国家图书馆

出版者:国家图书馆

权限:公开

格式:文本

类型:书目数据

日期:2011-07-16

唯一标识符:1.1/20100110170012

15. 名称:新世纪山西考古大发现

主题:文物;考古;山西省

描述:宋建忠:1964.01.30出生;山西省考古研究所所长、研究员,山西省华夏文明研究中心副主任、山西省考古学会秘书长。长期从事文化遗产的保护和考古发掘与研究,他主持的绛县横水西周墓地考古发掘获得了2005年度全国考古“十大新闻发现”和国家田野考古一等奖,2007年荣获山西省“十大和谐家园卫士”称号。

时空范围:现代

来源:太原;国家图书馆

关联:国家图书馆呈缴资源

语种:中文

创建者:国家图书馆

出版者:国家图书馆

权限:公开

格式:文本

类型:书目数据

日期:2011 - 07 - 16

唯一标识符:1.1/20100110170013

16. 名称:莎士比亚悲剧人物谈

描述:张恒:曾是山西大学文学院教授,原山西省政协常务委员,先后执教外国戏剧史、中国现当代戏剧、情节艺术论、戏剧理论、写作学等课程,曾在京为中国艺术研究院研究生班讲授外国戏剧史。

时空范围:现代

来源:太原;国家图书馆

关联:国家图书馆呈缴资源

语种:中文

创建者:国家图书馆

出版者:国家图书馆

权限:公开

格式:文本

类型:书目数据

日期:2011 - 07 - 16

唯一标识符:1.1/20100110170014

17. 名称:自然科学的启示

主题:自然科学

描述:董川:1963.08.27 出生;山西大学环境科学与工程研究中心主任、教授、博士生导师,山西大学科技处处长,曾任山西大学化学系主任,中国化学会有机分析专业委员会委员、《大学化学》《分析科学学报》等刊物编委,国家科技奖、国家 863 项目、国家自然科学基金等评审专家。

时空范围:现代

来源:太原;国家图书馆

关联:国家图书馆呈缴资源

语种:中文

创建者:国家图书馆

出版者:国家图书馆

权限:公开

格式:文本

类型:书目数据

日期:2011 - 07 - 16

唯一标识符:1.1/20100110170015

18. 名称:金融危机下山西经济发展的思考

主题:经济发展;研究;山西省

描述:王义君:中国社科院经济管理硕士、研究生毕业;历任法制处主任科员、高级统计师、投资处副处长、处长,人中就业社科处处长、现任山西省统计局副巡视员。

时空范围:现代

来源:太原;国家图书馆

关联:国家图书馆呈缴资源

语种:中文

创建者:国家图书馆

出版者:国家图书馆

权限:公开

格式:文本

类型:书目数据

日期:2011 - 07 - 16

唯一标识符:1.1/20100110170016

19. 名称:青少年媒介素养与培养

主题:传播学;教育学;研究

描述:刘宝林:1963.06.05 出生;山西广播电台《三晋声屏》杂志主编,博士。毕业于中国传媒大学电视与新闻学院。山西大学文学院新闻系电视新闻兼职职业生导师。

时空范围:现代

来源:太原;国家图书馆

关联:国家图书馆呈缴资源

语种:中文

创建者:国家图书馆

出版者:国家图书馆

权限:公开

格式:文本

类型:书目数据

日期:2011 - 07 - 16

唯一标识符:1.1/20100110170073

20.名称:心理和谐与公民的幸福感

主题:幸福;研究

描述:孙兴玲:中共山西省委党校、山西省行政学院哲学教研部副主任,省委党校、院学术委员会委员,长期从事哲学和社会心理学的教学和研究工作,在校内、校外主讲领导心理与行为及社会热点心理问题等专题,先后在《人民日报》《中央党校学报》《道德与文明》等多家国家级媒体和全国核心期刊上发表论文60多篇,主编多部哲学教材,参加完成国家级课题一项,主持完成省部级课题八项,其中人口课题获山西省二等奖、山西省软科学奖,多篇论文被《人民大学复印资料》和《山西日报》全文转载,并多次荣获校、院优秀教师和优秀教学奖。

时空范围:现代

来源:太原;国家图书馆

关联:国家图书馆呈缴资源

语种:中文

创建者:国家图书馆

出版者:国家图书馆

权限:公开

格式:文本

类型:书目数据

日期:2011 - 07 - 16

唯一标识符:1.1/20100110170017

21.名称:新解《红楼梦》之二

描述:杨矗:1953.04.06出生;太原师范学院文学院教授、文学博士;研究的主要方向为中西文艺理论与批评、中国现当代文学研究、电影批评,出版的著作有《人的文化解读》《东郭记评注》并且获得了国家第十三届图书奖,发表了学术论文近百篇,多篇被《新化文摘》《人大复印资料》转载。获得国家及省部级奖项十多项。

时空范围:现代

来源:太原;国家图书馆

关联:国家图书馆呈缴资源

语种:中文

创建者:国家图书馆

出版者:国家图书馆

权限:公开

格式:文本

类型:书目数据

日期:2011 - 07 - 16

唯一标识符:1.1/20100110170074

22. 名称:新解《红楼梦》之三

主题:红楼梦;文学研究

描述:杨矗:1953.04.06 出生;太原师范学院文学院教授、文学博士;研究的主要方向为中西文艺理论与批评、中国现当代文学研究、电影批评,出版的著作有《人的文化解读》《东郭记评注》并且获得了国家第十三届图书奖,发表了学术论文近百篇,多篇被《新化文摘》《人大复印资料》转载。获得国家及省部级奖项十多项。

时空范围:现代

来源:太原;国家图书馆

关联:国家图书馆呈缴资源

语种:中文

创建者:国家图书馆

出版者:国家图书馆

权限:公开

格式:文本

类型:书目数据

日期:2011 - 07 - 16

唯一标识符:1.1/20100110170018

23. 名称:中美关系回顾与展望

主题:中美关系;国际关系史;研究

描述:刘振霞:1966.03.07 出生;现任太原理工大学文法学院副教授,主要从事国际政治、国际关系等方面的教学与研究,发表论文 20 多篇,涉及美国对外政策、俄罗斯对外政策及全球化问题分析,出版《当代世界经济与政治》《形势与政策》等著作,被聘为社科院客座研究员。

时空范围:现代

来源:太原;国家图书馆

关联:国家图书馆呈缴资源

语种:中文

创建者:国家图书馆

出版者:国家图书馆

权限:公开

格式:文本

类型:书目数据

日期:2011 - 07 - 16

唯一标识符:1.1/20100110170019

24. 名称:粽叶飘香话端午

主题:节日;研究;中国

描述:聂元龙:1947.06.21 出生;山西省民俗学会常务理事、山西省非物质文化遗产保护中心专家组成员、山西省地广场学会理事、太原收藏协会副会长等。

时空范围:现代

来源:太原;国家图书馆

关联:国家图书馆呈缴资源

语种:中文

创建者:国家图书馆

出版者:国家图书馆

权限:公开

格式:文本

类型:书目数据

日期:2011 - 07 - 16

唯一标识符:1.1/20100110170020

25. 名称:美国立国三大文献解读

主题:独立运动;宪法;宣言;研究;美国

描述:王荣声:1943.06.13 出生;山西大学历史文化学院的教授,硕士生导师,历史系世界史教研室主任,山西大学教学指导委员会委员,中国世界近代史研究会理事。1967 年毕业于北京师范大学历史系,1985 年至 1987 年赴美国乔治敦大学历史系进修。长期从事世界近代史的教学与研究,曾获得山西大学"校级教学名师"、省"优秀教学成果二等奖",省级"精品课程"等多项奖励,并且发表论文 40 余篇,著有《近代世界重大问题理论探讨》《发现的世纪》《进取的年代》等著作,曾先后获中国世界近代史研究会"优秀论文二等奖"、山西省第三次社会科学研究"优秀成果二等奖",中国档案学会第四次档案学优秀成果,学术论文类一等奖。

时空范围:现代

来源:太原;国家图书馆

关联:国家图书馆呈缴资源

语种:中文

创建者:国家图书馆

出版者:国家图书馆

权限:公开

格式:文本

类型:书目数据

日期:2011 - 07 - 16

唯一标识符:1.1/20100110170021

26. 名称:性别的搏弈——诠释现代“男耕女织”的平等

主题:性社会学;研究

描述:李悦娥:1958.03.06 出生;山西省妇联主席;毕业于山西师范大学,并在英国里丁、阿斯顿大学获得硕士及博士学位,曾任山西大学副校长、山西省政府外事办公室主任、山西省政协港澳台侨和外事委员会副主任等职,主要研究的方向为语言学,曾出版著作有《言语交际中话语阻碍的修正》《话语分析》等,发表论文《语言交际中的阻碍》《自然会话中的打断现象分析》等多篇,并有多项科研项目。

时空范围:现代

来源:太原;国家图书馆

关联:国家图书馆呈缴资源

语种:中文

创建者:国家图书馆

出版者:国家图书馆

权限:公开

格式:文本

类型:书目数据

日期:2011 - 07 - 16

唯一标识符:1.1/20100110170070

27. 名称:中国先秦的民主理念——“以民为天”的考证

主题:民主;研究;中国

描述:降大任:1943.04.03 出生;晋阳文化研究会副会长,山西省著名的历史学家、文化学家、文艺评论家、诗人,山西省社科院研究员,文化学首席科学家,1994 年获得国务院专家津贴,是原《晋阳学刊》的主编,是山西省历史学会理事、山西党史学会副会长、中国元好问(学会)副会长。出版著作有《武则天》《话说山西》《元遗山新论》《咏史诗注析》《黄河古诗词》等,主要编著有《侯马盟书》增订本,参与编著的有《山西名人词典》《中国现代社会科学家传略》等,发表论文近 200 篇。

时空范围:现代

来源:太原;国家图书馆

关联:国家图书馆呈缴资源

语种:中文

创建者:国家图书馆

出版者:国家图书馆

权限:公开

格式:文本

类型:书目数据

日期:2011-07-16

唯一标识符:1.1/20100110170022

28. 名称:美国次贷危机对中国经济的影响与启示

主题:房地产抵押贷款;信用危机;影响;中国经济;美国

描述:吕春成:1956.12.02 出生;山西财经大学国贸学院教授;山西省省级教学名师,长期从事国际贸易方面的教学和研究并且成果丰硕,曾主编、参编《国际贸易》等教材五部,出版《战略性贸易政策研究》等学术专著六部。

时空范围:现代

来源:太原;国家图书馆

关联:国家图书馆呈缴资源

语种:中文

创建者:国家图书馆

出版者:国家图书馆

权限:公开

格式:文本

类型:书目数据

日期:2011-07-16

唯一标识符:1.1/20100110170071

29. 名称:用全新的思路教育孩子

主题:家庭教育

描述:李守民:1958.04.26 出生,国家计生委特邀早教专家,山西省教育协会,社区教育专业委员会副主任兼秘书长,太原师范学院学前教育系客座教授。著有《婴儿早期教育指南》《创新幼儿识字阅读》《用全力的思路教育孩子》等专著和教材。

时空范围:现代

来源:太原;国家图书馆

关联:国家图书馆呈缴资源

语种:中文

创建者:国家图书馆

出版者:国家图书馆

权限:公开

格式:文本

类型:书目数据

日期:2011-07-16

唯一标识符:1.1/20100110170023

30. 名称:新解《红楼梦》

描述:杨矗:1953.04.06 出生;太原师范学院文学院教授、文学博士;研究的主要方向为中西文艺理论与批评、中国现当代文学研究、电影批评,出版的著作有《人的文化解读》《东郭记评注》并且获得了国家第十三届图书奖,发表了学术论文近百篇,多篇被《新化文摘》《人大复印资料》转载。获得国家及省部级奖项十多项。

时空范围:现代

来源:太原;国家图书馆

关联:国家图书馆呈缴资源

语种:中文

创建者:国家图书馆

出版者:国家图书馆

权限:公开

格式:文本

类型:书目数据

日期:2011 -07 -16

唯一标识符:1.1/20100110170024

31. 名称:能源与山西

主题:能源经济;经济发展战略;研究;山西省

描述:本讲座 120 分钟

时空范围:现代

来源:太原;国家图书馆

关联:国家图书馆呈缴资源

语种:中文

创建者:国家图书馆

出版者:国家图书馆

权限:公开

格式:文本

类型:书目数据

日期:2011 -07 -16

唯一标识符:1.1/20100110170025

32. 名称:富国强军——我国三十年国防建设回顾

主题:国防建设;研究;中国

描述:倪宁:1963.09.12 出生;山西大学军事教研室,编著有《美伊战争对世界格局的影响》《山西省高校军事教程》,发表学术论文有《日本军扩对亚太局势的影响》《孙子兵法与企业策划》等,2000 年被山西大学评为学校约题学术讲座“十佳优秀教师”,2001 年被国家教育部、解放军总参谋部、总政治部联合授予“全国高校优秀军事教员”。

时空范围:现代

来源:太原;国家图书馆

关联:国家图书馆呈缴资源

语种:中文

创建者:国家图书馆

出版者:国家图书馆

权限:公开

格式:文本

类型:书目数据

日期:2011－07－16

唯一标识符:1.1/20100110170066

33. 名称:子见南子考辨——兼论孔子的女性观

时空范围:现代

来源:太原;国家图书馆

关联:国家图书馆呈缴资源

语种:中文

创建者:国家图书馆

出版者:国家图书馆

权限:公开

格式:文本

类型:书目数据

日期:2011－07－16

唯一标识符:1.1/20100110170026

34. 名称:改革开放三十年与当前经济热点的思考

主题:经济;研究;中国

描述:容和平:山西大学商务学院副院长、教授、硕士生导师、企业管理学科带头人;山西大学学位委员会委员。中国管理科学研究院特聘研究员。政协七、八、九届委员,省政协八、九届经环委副主任;省委专家咨询团成员、省政府经济研究中心特约研究员。日本立教大学、东京国际大学交换研究员。先后获得省劳动模范、省优秀教师、全国教书育人先进个人、山西省跨世纪青年英才等多项奖励。中央电视台“中华学人”、“东方之子”专题报道事迹。发表专论文30余篇,出版专著3部。承担并完成省部级科研项目和横向科研项目16项,获省部级复古奖3项。

时空范围:现代

来源:太原;国家图书馆

关联:国家图书馆呈缴资源

语种:中文

创建者:国家图书馆

出版者:国家图书馆

权限:公开

格式:文本

类型:书目数据

日期:2011－07－16

唯一标识符:1.1/20100110170027

35.名称:奥林匹克运动与体育商业化

主题:奥运会;关系;商业经营

描述:杨升平:1971.08.14出生,任教于山西财经大学体育系。曾先后参加山西省体育产业现状调查,山西省软科学课题《直面北京奥运发展山西旅游经济的对策研究》、山西省哲学社会科学规划课题《对山西省高校体育产业现状及发展对策的研究》等科研工作,致力于体育产业及体育职业化的教学和研究工作。

时空范围:现代

来源:太原;国家图书馆

关联:国家图书馆呈缴资源

语种:中文

创建者:国家图书馆

出版者:国家图书馆

权限:公开

格式:文本

类型:书目数据

日期:2011－07－16

唯一标识符:1.1/20100110170028

36.名称:职场成功之秘诀

主题:成功心理学

描述:潘霞:太原职业介绍服务中心副主任,高级职业指导师;从事人力资源与职业介绍工作数十年,是山西目前唯一的美国咨询师资格认证委员会认证的全球职业规划师(GCDF),具有丰富的职业生涯规划专业知识。

时空范围:现代

来源:太原;国家图书馆

关联:国家图书馆呈缴资源

语种:中文

创建者:国家图书馆

出版者:国家图书馆

权限:公开

格式:文本

类型:书目数据

日期:2011 - 07 - 16

唯一标识符:1.1/20100110170075

37. 名称:营养与亚健康

主题:营养卫生;关系;健康

描述:常建芬:1971.06.09 出生,山西省雪松营养科学研究所,研究员,高级营养保健师,高级心理保健师;多年来,致力于营养科学的培训与研究工作。

时空范围:现代

来源:太原;国家图书馆

关联:国家图书馆呈缴资源

语种:中文

创建者:国家图书馆

出版者:国家图书馆

权限:公开

格式:文本

类型:书目数据

日期:2011 - 07 - 16

唯一标识符:1.1/20100110170029

38. 名称:执政党建设重大的理论成果——学习“六个为什么”

描述:刘树信:1949.05.06 出生;中共山西省委党校、山西行政学院公共管理考古部主任,教授。出版教材、专著 16 册,在国家级、省级报纸杂志发表论文、调研报告 60 余篇。参加国家、省部级课题 8 个。兼任全国领导科学研究会常务理事、中国行政管理学会教学研究会常务理事、中国行政管理学会政策研究会常务理事、山西省行政管理学会常务理事、山西省监察学会副会长。山西财大 MPA 导师。享受国务院特殊津贴专家,省委院系的高级专家。

时空范围:现代

来源:太原;国家图书馆

关联:国家图书馆呈缴资源

语种:中文

创建者:国家图书馆

出版者:国家图书馆

权限:公开

格式:文本

类型:书目数据

日期:2011 - 07 - 16

唯一标识符:1.1/20100110170071

39. 名称:阎锡山与民国时期的山西

描述:景占魁:山西省社会科学院历史研究所副所长,当代山西国史研究会副会长;主要研究方向是山西近代经济史和阎锡山,研究成果专著《阎锡山与西北实业公司》《山西通史》《晋商与中国近代金融》等。

时空范围:现代

来源:太原;国家图书馆

关联:国家图书馆呈缴资源

语种:中文

创建者:国家图书馆

出版者:国家图书馆

权限:公开

格式:文本

类型:书目数据

日期:2011 - 07 - 16

唯一标识符:1.1/20100110170030

40. 名称:网络时代的非功利读书

主题:互联网络;关系;读书活动

描述:王介平:1964.02.22 出生,《编辑之友》杂志社编辑,副编审;中国图书商报山西省记者站站长。出版有诗集《青灯》《烟霏云敛》、散文集《少年文章》等。

时空范围:现代

来源:太原;国家图书馆

关联:国家图书馆呈缴资源

语种:中文

创建者:国家图书馆

出版者:国家图书馆

权限:公开

格式:文本

类型:书目数据

日期:2011 - 07 - 16

唯一标识符:1.1/20100110170031

41. 名称:文坛悲歌——赵树理的生平与创作

描述:杨占平:1956.12.28 出生,现任山西省作家协会党组副书记、副主席。作家。出版有评论集《文学创作探秘》《面对市场经济的文学》,理论专著《电视剧创作、欣赏与评论》《中国文学与山西》《马烽评传》、传记文学《赵树理传》等。曾获中国当代文学学会奖、中国文联理论评论奖等多种奖项。

时空范围:现代

来源:太原;国家图书馆

关联:国家图书馆呈缴资源

语种:中文

创建者:国家图书馆

出版者:国家图书馆

权限:公开

格式:文本

类型:书目数据

日期:2011 -07 -16

唯一标识符:1.1/20100110170032

42. 名称:走近梁实秋——浅谈梁实秋的人生及散文世界

描述:傅书华:1953.02.10 出生;太原师范学院文学院教授。中国作家协会会员、中国赵树理研究会副会长。主要从事中国现当代文学的教学与研究工作,在《文学评论》《中国现代文学研究丛刊》等发表学术论文 80 余万字。出版个人专论著《山西作家群论稿》《蛇行集》等。曾获中国文联文艺评论二等奖,山西省社科优秀成果奖三等奖等。主持或独自承担省级社科项目多项。

时空范围:现代

来源:太原;国家图书馆

关联:国家图书馆呈缴资源

语种:中文

创建者:国家图书馆

出版者:国家图书馆

权限:公开

格式:文本

类型:书目数据

日期:2011 -07 -16

唯一标识符:1.1/20100110170076

43. 名称:解读《王蒙自传》

描述:王春林:山西大学文学院副教授,中国作家协会会员,中国小说学会常务理事,中国当代文学研究会理事,徐家协会全委会委员,主要从事中国现当代文学研究,是文坛广有影响的青年评论家。著有优秀评论文集《话语、历史与意识形态》《思想在人生边上》《“说出复杂性”的“反现代化叙事”》等。作品曾获2003年山西省新世纪文学奖、2005年中国当代文学研究会第九届优秀成果奖、2006年山西省高校人文社笠优秀成果一等奖。

时空范围:现代

来源:太原;国家图书馆

关联:国家图书馆呈缴资源

语种:中文

创建者:国家图书馆

出版者:国家图书馆

权限:公开

格式:文本

类型:书目数据

日期:2011-07-16

唯一标识符:1.1/20100110170033

44. 名称:从《吕梁英雄传》谈电视剧的创作与欣赏

主题:电视剧;创作;欣赏

描述:张石山:1947.10.02出生,曾任《山西文学》编辑,主编;山西文学院专业作家,一级创作员。主要从事小说创作《镢柄韩宝山》《甜苣儿》两度获全国优秀短篇小说奖;出版有《单身泽的乐趣》《母系家谱》《神主牌楼》等;著有诗集《永远的三月》;散文集《爱河之源》;杂文集《拷问经典》;随笔集《都市的咒语》等;创作20集电视连续剧《水浒英雄传》20连续剧《兄弟如手足》;改编创作了《吕梁英雄传》等。

时空范围:现代

来源:太原;国家图书馆

关联:国家图书馆呈缴资源

语种:中文

创建者:国家图书馆

出版者:国家图书馆

权限:公开

格式:文本

类型:书目数据

日期:2011-07-16

唯一标识符:1.1/20100110170034

45. 名称:《西厢记》——故事的流传与演变

描述:李正民:1940.07.14出生;山西大学文学院的教授,山西昔阳县人,1963年山西大学中文系毕业,1981 年中文系古代文学研究生毕业,获得硕士学位,现在是山西大学文学院的教授、硕士生导师,先后开课十门,指导研究生获得硕士学位者 33 人,独撰、主编、参编、审定论著 40 余种,在《文学遗产》《民族文学研究》《中华戏曲》《明清小说研究》《中国政协报》等报刊发表论文、散文、诗歌、小说 100 余篇,并兼任中国辽金文学学会副会长、国家社会科学基金成果鉴定专家,山西省古迹整理委员会委员、山西省教学指导委员会委员、山西省纪检监察干部培训中心特聘教授,李老师的小篆被收入《中国当代教育名人大辞典》《中国社会科学家大辞典》《世界文化名人辞海》等,他的论文被收入《中国教育大经典》《中华学人理论文献》《世界学术文库》等。

时空范围:现代

来源:太原;国家图书馆

关联:国家图书馆呈缴资源

语种:中文

创建者:国家图书馆

出版者:国家图书馆

权限:公开

格式:文本

类型:书目数据

日期:2011 - 07 - 16

唯一标识符:1.1/20100110170068

46. 名称:赵树理的小说与戏剧

主题:小说;戏剧;文学研究;文学研究

描述:杨占平:1956.12.28 出生,现任山西省作家协会党组副书记、副主席;作家。出版有评论集《文学创作探秘》《面对市场经济的文学》,理论专著《电视剧创作、欣赏与评论》《中国文学与山西》《马烽评传》、传记文学《赵树理传》等。曾获中国当代文学学会奖、中国文联理论评论奖等多种奖项。

时空范围:现代

来源:太原;国家图书馆

关联:国家图书馆呈缴资源

语种:中文

创建者:国家图书馆

出版者:国家图书馆

权限:公开

格式:文本

类型:书目数据

日期:2011 - 07 - 16

唯一标识符:1.1/20100110170035

47.名称:屋宇春秋——晋商大院文化探析

主题商业史;民居;研究;研究;山西省;山西省

描述:孙丽萍:山西省社会科学院副院长,党组成员,任山西省历史学会副会长、山西省党史学会副会长、山西省建设文化强省规划研究中心副秘书长、山西省晋商文化研究中心副主任等职。主要研究是中国近代史及山西地方文化史,出版《屋宇春秋——山西老宅院》等个人学术专著四种,获山西省第四次"优秀社会科学研究成果"三等奖,2002年"山西新闻出版优秀图书"二等奖,发表论文、学术文章百余篇。

时空范围:现代

来源:太原;国家图书馆

关联:国家图书馆呈缴资源

语种:中文

创建者:国家图书馆

出版者:国家图书馆

权限:公开

格式:文本

类型:书目数据

日期:2011-07-16

唯一标识符:1.1/20100110170067

48.名称:資治通鑑綱目

描述:八行,十七字,白口,左右雙邊,雙順黑魚尾,書口有蔡仲等刻工名,半框21.2×14.7cm

时空范围:现代

来源:国家图书馆

关联:国家图书馆呈缴资源

语种:中文

创建者:国家图书馆

出版者:国家图书馆

权限:公开

格式:jpg;tif

类型:图片

日期:2011-07-16

唯一标识符:1.1/20100110170036

长期保存对象:\\127.0.0.1\资源\00000000000000\20080000000003\1\5\20100110170036.tif

发布服务对象:\\127.0.0.1\资源\00000000000000\20080000000003\1\5\201001101700
36.jpg

49. 名称:讀風臆評

描述:九行,十九字,白口,四週單邊,半框21.5×15cm,金鑲玉。

时空范围:现代

来源:国家图书馆

关联:国家图书馆呈缴资源

语种:中文

创建者:国家图书馆

出版者:国家图书馆

权限:公开

格式:jpg;tif

类型:图片

日期:2011-07-16

唯一标识符:1.1/20100110170037

长期保存对象:\\127.0.0.1\资源\00000000000000\20080000000003\1\5\201001101700
37.tif

发布服务对象:\\127.0.0.1\资源\00000000000000\20080000000003\1\5\201001101700
37.jpg

50. 名称:春秋左傳

描述:九行,十九字,白口,四周單邊,半框21.3×15.2cm,金鑲玉。

时空范围:现代

来源:国家图书馆

关联:国家图书馆呈缴资源

语种:中文

创建者:国家图书馆

出版者:国家图书馆

权限:公开

格式:jpg;tif

类型:图片

日期:2011-07-16

唯一标识符:1.1/20100110170038

长期保存对象:\\127.0.0.1\资源\00000000000000\20080000000003\1\5\201001101700
38.tif

发布服务对象:\\127.0.0.1\资源\00000000000000\20080000000003\1\5\201001101700
38.jpg

38. jpg

51. 名称:古今歷代十八史

描述:略十八行,三十二字,黑口,四周雙邊,雙順黑魚尾,半框 21.6 ×13.7cm。

时空范围:现代

来源:国家图书馆

关联:国家图书馆呈缴资源

语种:中文

创建者:国家图书馆

出版者:国家图书馆

权限:公开

格式:jpg;tif

类型:图片

日期:2011 - 07 - 16

唯一标识符:1.1/20100110170039

长期保存对象:\\127.0.0.1\资源\00000000000000\20080000000003\1\5\201001101700

39. tif

发布服务对象:\\127.0.0.1\资源\00000000000000\20080000000003\1\5\201001101700

39. jpg

52. 名称:大唐開元禮

描述:十一行,二十三字,白口。

时空范围:现代

来源:国家图书馆

关联:国家图书馆呈缴资源

语种:中文

创建者:国家图书馆

出版者:国家图书馆

权限:公开

格式:jpg;tif

类型:图片

日期:2010 - 10 - 15

唯一标识符:1.1/20100110170040

长期保存对象:\\127.0.0.1\资源\00000000000000\20080000000003\1\5\201001101700

40. tif

发布服务对象:\\127.0.0.1\资源\00000000000000\20080000000003\1\5\201001101700

40. jpg

53. 名称:楚辭

描述:九行十九字,三十八字,白口,四周單邊,版框 21.2×15.1cm,金鑲玉。

时空范围:现代

来源:国家图书馆

关联:国家图书馆呈缴资源

语种:中文

创建者:国家图书馆

出版者:国家图书馆

权限:公开

格式:jpg;tif

类型:图片

日期:2011-07-16

唯一标识符:1.1/20100110170041

长期保存对象:\\127.0.0.1\资源\00000000000000\20080000000003\1\5\20100110170041.tif

发布服务对象:\\127.0.0.1\资源\00000000000000\20080000000003\1\5\20100110170041.jpg

54. 名称:柳文

描述:八行,十八字,白口,四周單邊,半框 20.3×14.6cm,金鑲玉。

时空范围:现代

来源:国家图书馆

关联:国家图书馆呈缴资源

语种:中文

创建者:国家图书馆

出版者:国家图书馆

权限:公开

格式:jpg;tif

类型:图片

日期:2011-07-16

唯一标识符:1.1/20100110170069

长期保存对象:\\127.0.0.1\资源\00000000000000\20080000000003\1\5\20100110170069.tif

发布服务对象:\\127.0.0.1\资源\00000000000000\20080000000003\1\5\20100110170069.jpg

55. 名称:陶學士先生文集

描述:十行,十八字,黑口,左右雙邊,雙順黑魚尾,半框 19.4 ×12.9cm。

时空范围:现代

来源:国家图书馆

关联:国家图书馆呈缴资源

语种:中文

创建者:国家图书馆

出版者:国家图书馆

权限:公开

格式:jpg;tif

类型:图片

日期:2011 -07 -16

唯一标识符:1.1/20100110170042

长期保存对象:\\127.0.0.1\资源\00000000000000\20080000000003\1\5\20100110170042.tif

发布服务对象:\\127.0.0.1\资源\00000000000000\20080000000003\1\5\20100110170042.jpg

56. 名称:空同詩選

描述:九行,十九字,白口,四周單邊,15.2 ×21.1cm,金鑲玉。

时空范围:现代

来源:国家图书馆

关联:国家图书馆呈缴资源

语种:中文

创建者:国家图书馆

出版者:国家图书馆

权限:公开

格式:jpg;tif

类型:图片

日期:2011 -07 -16

唯一标识符:1.1/20100110170043

长期保存对象:\\127.0.0.1\资源\00000000000000\20080000000003\1\5\20100110170043.tif

发布服务对象:\\127.0.0.1\资源\00000000000000\20080000000003\1\5\20100110170043.jpg

57. 名称:六臣註文選

描述:九行,十八字,白口,左右雙邊,单白鱼尾,半框 20.5 × 15.2cm,書口有“連”、“向”刻工名。

时空范围:现代

来源:国家图书馆

关联:国家图书馆呈缴资源

语种:中文

创建者:国家图书馆

出版者:国家图书馆

权限:公开

格式:jpg;tif

类型:图片

日期:2011-07-16

唯一标识符:1.1/20100110170044

长期保存对象:\\127.0.0.1\资源\00000000000000\20080000000003\1\5\20100110170044.tif

发布服务对象:\\127.0.0.1\资源\00000000000000\20080000000003\1\5\20100110170044.jpg

58. 名称:佩文齋詠物詩選

描述:无标题十一行,二十一字,白口,左右雙邊,雙對黑魚尾,半框 16.4 × 11.4cm。

时空范围:现代

来源:国家图书馆

关联:国家图书馆呈缴资源

语种:中文

创建者:国家图书馆

出版者:国家图书馆

权限:公开

格式:jpg;tif

类型:图片

日期:2011-07-16

唯一标识符:1.1/20100110170045

长期保存对象:\\127.0.0.1\资源\00000000000000\20080000000003\1\5\20100110170045.tif

发布服务对象:\\127.0.0.1\资源\00000000000000\20080000000003\1\5\20100110170045.jpg

59. 名称:東坡先生志林

描述:八行,十八字,白口,四周單邊,半框 19.9×14.6cm,金鑲玉。

时空范围:现代

来源:国家图书馆

关联:国家图书馆呈缴资源

语种:中文

创建者:国家图书馆

出版者:国家图书馆

权限:公开

格式:jpg;tif

类型:图片

日期:2011-07-16

唯一标识符:1.1/20100110170046

长期保存对象:\\127.0.0.1\资源\00000000000000\20080000000003\1\5\20100110170046.tif

发布服务对象:\\127.0.0.1\资源\00000000000000\20080000000003\1\5\20100110170046.jpg

60. 名称:欒城集

描述:十行,二十字,白口,四周單邊,單白魚尾,半框 19×14.2cm,金鑲玉。

时空范围:现代

来源:国家图书馆

关联:国家图书馆呈缴资源

语种:中文

创建者:国家图书馆

出版者:国家图书馆

权限:公开

格式:jpg;tif

类型:图片

日期:2011-07-16

唯一标识符:1.1/20100110170047

长期保存对象:\\127.0.0.1\资源\00000000000000\20080000000003\1\5\20100110170047.tif

发布服务对象:\\127.0.0.1\资源\00000000000000\20080000000003\1\5\20100110170047.jpg

61. 名称:古文淵鑑

描述:九行,二十字,黑口,四週單邊,雙順黑魚尾,半框 19.4×14.5cm。

时空范围:现代

来源:国家图书馆

关联:国家图书馆呈缴资源

语种:中文

创建者:国家图书馆

出版者:国家图书馆

权限:公开

格式:jpg;tif

类型:图片

日期:2011-07-16

唯一标识符:1.1/20100110170048

长期保存对象:\\127.0.0.1\资源\0000000000000\20080000000003\1\5\201001101700 48.tif

发布服务对象:\\127.0.0.1\资源\0000000000000\20080000000003\1\5\201001101700 48.jpg

62. 名称:御選唐詩

描述:七行,十七字,白口,四周雙邊,18.9×12.6cm。

时空范围:现代

来源:線裝;国家图书馆

关联:国家图书馆呈缴资源

语种:中文

创建者:国家图书馆

出版者:国家图书馆

权限:公开

格式:jpg;tif

类型:图片

日期:2011-07-16

唯一标识符:1.1/20100110170049

长期保存对象:\\127.0.0.1\资源\0000000000000\20080000000003\1\5\201001101700 49.tif

发布服务对象:\\127.0.0.1\资源\0000000000000\20080000000003\1\5\201001101700 49.jpg

参考文献

[1]Collaborative Digitization Program. [2007-07-06]. http://www.cdpheritage.org/index.cfm

[2]Digital Audio-Visual Preservation Prototyping Projects. [2007-07-06]. http://www.loc.gov/rr/mopic/avprot/

[3]Image Digitization:File Formats,Digital Still Images. [2008-08-25]. http://preserve.harvard.edu/resources/imageformats.html

[4]Library and Archives Canada recommended formats. [2008-09-01]. http://www.collectionscanada.ca/information-management/002/007002-3017-e.html

[5]NITF DTD (Document Type Definition). [2008-09-01]. http://www.nitf.org/IPTC/NITF/3.2/dtd/nitf-3-2.dtd

[6]PANDORA. [2009-09-21]. http://pandora.nla.gov.au

[7]Typical Elements for Use in a Statement of Work for the Digital Conversion of Sound Recordings and Related Documents. [2007-07-06]. http://www.loc.gov/rr/mopic/avprot/audioSOW.html

[8]何琦静,黄建华. 多媒体技术基础. 北京:化学工业出版社,2005

[9]崔永琳. 数字图书馆理论与应用. 北京:中共中央党校出版社,2003

[10]何俊,杨明,戴浩. 信息生命周期管理的分层模型及实施方法. 图书情报工作,2007(2)

[11]何朝晖,王波,朱强. 国外复合数字对象管理研究撷要. 北京:现代图书情报技术,2005(5)

[12]粟湘,郑建明,吴沛. 信息生命周期管理研究. 情报科学,2006(5)

[13]索传军. 基于 ILM 的数字馆藏管理策略. 图书情报工作,2005(7)

[14]索传军. 基于信息生命周期的数字馆藏管理研究. 大学图书馆学报,2005(1)

[15]王少辉. 试论信息时代我国出版物呈缴制度的完善. 武汉:武汉大学学报(哲学社会科学版). 2007(1)

[16]朱林,许馨. 论图书馆数字资源典藏管理政策. 情报资料工作,2006(6)

[17]真溱. 美国记忆:特点、技术方案要点及质量标准(上). 情报理论与实践,2001(4)

[18]常唯,孟连生. 为未来保存历史——澳大利亚网络资源档案 PANDORA 介绍. 数字图书馆论坛,2006(6)

[19]张贝楠. 图书馆联盟内的数字馆藏的建设与共享——华盛顿研究图书馆联盟数字化生产中心介绍. 图书馆学研究,2006(10)

[20]中国国家图书馆数字图书馆管理处. 国家图书馆缩微品数字化工作规范,2004

[21]中国国家图书馆. 国家图书馆数字资源建设条例(试用),2005

[22]周晨等. 非文献类馆藏的数字化加工调研报告. 我国数字图书馆标准规范建设,2007

[23]孙一钢,龙伟,赵四友.《数字资源加工标准》研究报告. 见:《我国数字图书馆标准规范建设》课题组. 研究报告. CDLS-S03-008,2006

[24]刘炜,姜爱蓉,马文峰. 基本元数据标准应用规范. 见:《我国数字图书馆标准规范建设》课题组,2005. CDLS-S04-004

[25]张晓星,镇锡惠,徐周亚. 基本元数据标准. 见:《我国数字图书馆标准规范建设》课题组,2005. CDLS-

S04-002

[26]甲骨世界.[2007-07-10].http://res2.nlc.gov.cn:9080/jiagu/index.htm

[27]中央广播电视音像资料馆系统概述.[2008-08-28].http://www.cctvpro.com.cn/topic/cctvlib/20040903/3731.html

[28]中国国家音像资料馆媒体资产管理系统.[2008-09-05].http://www.dayang.com.cn/case/2006-09-05/18.php

[29]富平.数字图书馆建设的实践.[2008-08-01].http://www.shelib.org/ShelibCollege/files%20for%20meeting/上海数字图书馆建设的思考_富平.ppt

[30]曲俊红.库房管理与温湿度控制.[2008-08-01].http://218.240.136.36/qikan/periodical.articles/ltsj/ltsj2000/0002pdf/000230.pdf

[31]中国国家档案局.电子文件管理细则 第二部分:电子文件长期保存格式需求(征求意见稿).[2010-05-04].http://www.saac.gov.cn/upload/filepath/1206581021683.doc

[32]美国记忆.[2008-09-04].http://memory.loc.gov/ammem/about/techIn.html

[33]美日国家信息实力对比.[2008-09-04].http://www.80075.com/TuShuGuanGuanLi/20070829/25400-1.shtml

[34]数字图书馆.[2008-09-04].http://www.mmit.stc.sh.cn/bitlibrary/papers/DLgeneral.htm

后　　记

“国家图书馆数字资源对象管理规范”是国家图书馆数字图书馆工程标准规范项目的重要内容。项目研制与国家图书馆《数字资源（文本、图像、音频、视频）加工标准与工作规范》《数字资源对象管理规范》及唯一标识符规范、元数据规范、数字资源长期保存标准等相关标准规范保持一致性。项目作为国家图书馆数字资源管理标准的重要内容，要求根据对国内外相关研究与实践情况的调研，结合国家图书馆数字资源自建、购买、采集、缴送等来源形式，制定国家图书馆数字资源对象的管理体系。规范应支持数字资源的采集、转换、加工、检验、封装、存储、发布等相关环节的建设与管理需求。国家图书馆为此成立数字对象子项目组，“数字资源对象管理规范”是该子项目组研制标准之一，于2008年3月完成业务需求书，于2008年7月委托采购中心进行竞争性谈判。中国数字图书馆有限责任公司在数字图书馆研究和建设方面具有成熟的经验与工作基础，在竞争性谈判中获得专家的一致性肯定，获得“国家图书馆数字资源对象管理规范”的研制资格。2008年7月，双方签订了《数字资源对象管理规范》研制合同。

根据国家图书馆对象数据竞争性谈判项目第一包《数字资源对象管理规范》，研制业务需求书和成交合同，研制单位对国内外数字资源建设和管理，特别是项目管理方面研究进行了比较广泛的文献调研，而在数字资源对象管理方面，国内外相关机构和研究文献都比较少，因此，双方更加认识到项目研制成果对于用户更具有现实意义，将有助于解决目前数字资源建设及管理过程中较为盲目的现状。研制单位进一步在数字资源生命周期过程、数字资源管理、管理政策等方面开展调研，并向业界专家广泛咨询和征求意见。项目定为国家图书馆数字资源对象管理的通用规范，针对国家图书馆文本、图像、音频、视频的数字资源对象管理的共性要求进行规范，不局限于规定某种特定类型的数字资源，最大程度增加规范的适用性。规范兼顾科学性与可操作性，坚持原则性和灵活性相结合，综合考虑国家图书馆当前管理情况及今后发展需要，优先考虑国家图书馆现有资源基础，有选择的借鉴国内外图书馆经验。

项目于2008年12月首次提交研制成果，之后国家图书馆子项目组与研制单位又经过多次沟通，对成果进行反复修改，最终形成国家图书馆数字资源对象管理规范及相关文件。2011年3月，通过国家图书馆子项目组验收；2011年4月，通过国家图书馆馆内专家验收；2011年9月至10月，在国家图书馆网站进行网上公开质询；2011年10月20日，通过国内业界专家验收，至此项目全部完成。

在“国家图书馆数字资源对象管理标准”的研制过程中，得到了国家图书馆富平、申晓娟、王志庚、李晓明、杨东波、董晓丽等专家的指导和帮助；得到了中国人民大学信息资源管理学院索传军、中国科学技术信息研究所沈玉兰、北京大学信息管理系李广建、首都图书馆邓菊英、中国农业大学图书馆李晨英、中国人民大学图书馆胡宁等业界专家的热诚帮助，在此向各位专家致以最诚挚的谢意。

编者

2012 年 4 月 15 日